माँ

वाणी प्रकाशन

माँ

मुनव्वर राना

vaniprakashan.com

पेपरबैक पहला संस्करण : 2008
पेपरबैक दूसरा संस्करण : 2009
पेपरबैक तीसरा संस्करण : 2010
पेपरबैक चौथा संस्करण : 2012
पेपरबैक पाँचवाँ संस्करण : 2013
पेपरबैक छठा संस्करण : 2014
पेपरबैक सातवाँ संस्करण : 2015
पेपरबैक आठवाँ संस्करण : 2016
पेपरबैक नौवाँ संस्करण : 2018
पेपरबैक दसवाँ संस्करण : 2020
पेपरबैक ग्यारहवाँ संस्करण : 2024

वाणी प्रकाशन

4695, 21-ए, दरियागंज, नयी दिल्ली-110 002

फ़ोन : +91 11 23273167, 23275710

शाखाएँ

अशोक राजपथ, पटना-800 004, बिहार

कॉफ़ी हाउस कैम्पस, महात्मा गांधी मार्ग, प्रयागराज-211 001, उत्तर प्रदेश

महात्मा गांधी अन्तरराष्ट्रीय हिन्दी विश्वविद्यालय, वर्धा-442 001, महाराष्ट्र

36/ए, शेक्सपियर सरणी, रानी बिरला गर्ल्स कॉलेज के पास, कोलकाता-700 017, प. बंगाल

sales@vaniprakashan.in
vaniprakashan@gmail.com

Maan
by Munawwar Rana

ISBN : 978-81-8143-713-6
Ghazal

मूल्य : ₹ 199

जी.एस. ऑफ़सेट, दिल्ली-110 095 में मुद्रित

वाणी प्रकाशन का लोगो मक़बूल फ़िदा हुसेन की कूची से

अपनी बड़ी बहन

और

उपेन्द्र राय की माताश्री

स्व. राधिका राय

की याद में

मुझे क्या इसलिए रक्खा था अपनी कोख में तुमने
कि इक दिन तुम चली जाओगी रोता छोड़कर मुझको
मेरी आवाज़ के आँसू
मेरा उतरा हुआ चेहरा
मेरी रोती हुई आँखें
तुम्हें वापस बुलाती हैं
मेरा खोया हुआ बचपन
मेरे रूठे हुए सपने
मेरे इस गाँव की मिट्टी
तुम्हें वापस बुलाती है
मेरी पाली हुई चिड़िया
मेरी ये चाँद की बुढ़िया
मेरी रोती हुई गुड़िया
तुम्हें वापस बुलाती है
नहीं तो कल सबेरे तक यही दुनिया
मुझे छेड़ेगी यह कहकर सतायेगी
कि मैं जननी को गंगा के हवाले करने आया हूँ
चिता अर्थी को देकर मैं उजाला करने आया हूँ

इस तरह मेरे गुनाहों को वो धो देती है,
माँ बहुत ग़ुस्से में होती है तो रो देती है।

अनुक्रम

मैंने बीमारी में माँ याद किया है तुमको

जोड़ने-घटाने के इस लम्बे सफ़र में आज अचानक हिसाब करने बैठा हूँ तो अन्दाज़ा हुआ कि मेरी किताब 'माँ' के थोड़े से पृष्ठों पर मेरी ज़िन्दगी के लगभग 50 वर्ष बिखरे हुए हैं। देखने में तो यह सिर्फ़ एक किताब है लेकिन सच पूछिये तो यह मेरी इबादत का वह दस्तावेज़ है जिसे देखकर शायद फ़रिश्ते भी मुझे जन्नत में जाने से नहीं रोकेंगे। क्योंकि माँ से मिलने वाले को कभी किसी ने नहीं रोका है, बल्कि यही ऐसा पवित्र रिश्ता है जो अल्लाह और अल्लाह के रसूल पैगम्बरे इस्लाम का प्रमाण रखता है।

उर्दू ग़ज़ल जिस पर बहुत आरोप और लांछन लगे हैं, बुज़ुर्गों की सोहबत से निकलते ही ग़ज़ल राजा-महाराजाओं को ख़ुश करने के लिए उस स्थान पर ले आयी गयी जहाँ उसे घर के बड़े-बूढ़े अपने बच्चों से छिपा कर पढ़ने और गुनगुनाने लगे। एक वक्त ग़ज़ल पे ऐसा भी आया जब ग़ज़ल अपने चरित्रहीन प्रेमियों के साथ रंगीन महफिलों में भी घूमती-फिरती दिखाई देने लगी। पाज़ेब और घुँघरुओं की झंकार में अपने आप को पाकर ग़ज़ल के चेहरे की चमक कम होती गयी। डिक्शनरियों और शब्दकोषों की 'रावण रेखा' से घिरी हुई उर्दू ग़ज़ल अपने हुस्न और बाँकपन से वंचित होने लगी थी।

खानदान के अधिकतर लोगों ने जब पाकिस्तान को अपनी मंज़िल मान कर हिन्दुस्तान से कूच करना शुरू कर दिया तो घर के हालात भी ख़राब होना शुरू हो गये। पिता जी के बारे में घर

और बाहर के लोग तो यही बताते थे कि वह घोड़ी पर बैठ कर पढ़ने जाते थे, लेकिन मैंने तो जब होश सँभाल कर आँखें खोलीं तो पिता जी के हाथों में ट्रक का स्टीयरिंग देखा, लगभग पच्चीस वर्ष तक पिता जी (जिन्हें हम सब भाई-बहन अब्बु कहते थे) ने शेरशाह सूरी की बनवाई हुई सड़क को अपना रास्ता, मंज़िल और घर बनाये रखा, चूँकि घर में हम भाइयों की देख-भाल के लिए कोई नहीं रह गया था, इसलिए अब्बु ने हम तीन भाइयों को अपनी ख़ाला और ख़ालाज़ाद भाई यूनुस सूफ़ी और इदरीस सूफ़ी की निगरानी में लखनऊ भेज दिया। पिता जी के ज़मींदारी के तेवर और शाहाना रख-रखाव की वजह से उन्हें ग़ुस्सा बहुत आता था, शायद इसीलिए मैंने अम्मी को सदा नमाज़ पढ़ते हुए सजदे की हालत में देखा। अम्मी बहुत अधिक बातें नहीं करती थीं, जितनी बातें करती थीं उसमें ज़्यादा वक़्त तक वह अल्लाह मियाँ से बातें करती थीं, चूँकि उनका लड़कपन भी बहुत मुश्किल में गुज़रा था। इसका कारण यह भी था कि नाना साहब का निकाह करने का शौक़ आख़िरी उम्र तक ख़त्म नहीं हुआ था। सौतेली माँ के बर्ताव जिसमें मार-पीट भी शामिल थी, के कारण अम्मी अपनी कम उम्री ही से बहुत बुझ गयी थीं। शायद उन्हीं तकलीफ़ों को उठाने के कारण मैंने अम्मी को कभी भी किसी से ऊँची आवाज़ में बातें करते नहीं देखा था। कमज़ोर घर से आयी हुई लड़की के लिए उसके घर के दरवाज़े सदा के लिए लगभग बन्द हो जाते हैं और ऐसी औरत अपने पति में दुनियावी ख़ुदा और ख़ुदा दोनों को तलाश करने में ही अपनी सारी उम्र गुज़ार देती है। अम्मी भी सारी ज़िन्दगी शायद छप्पर पड़े हुए अपने घर को मक्का-मदीना और अपनी जाए-नमाज़ (नमाज़ पढ़ने की चादर) को हरम शरीफ़ का पत्थर समझ कर उससे लिपटी रहती थी।

अपनी शरारतों के कारण हम तीन भाई लखनऊ भेज दिये

गये, वहाँ सेण्ट जॉन्स के. जी. हाईस्कूल में हम लोगों का दाख़िला हो गया। रात में हम तीनों भाई सुबुक-सुबुक कर ख़ूब रोते थे, लेकिन दादी के डर से खुलकर रोते भी नहीं थे, यह शायद 1966 की बात है। उन्हीं दिनों मेरे सीने पर एक बहुत बड़ा फोड़ा निकल आया। फोड़े में दर्द इतना अधिक था कि रात-रात भर अपने पलँग पर बैठ कर चुपके-चुपके रोता था। एक रात मेरी यह हालत चचा जान (यूनुस सूफ़ी) ने देख ली। दूसरे दिन सुबह सात बजे राजा बाज़ार में मशहूर जर्राह मोहब्बत हुसैन के दवाख़ाने में ले गये। अल्लाह ने उनके हाथों में क्या जादू दिया था, अल्लाह उन्हें अपनी रहमतों के साये में रखे, उन्होंने पान के पत्ते पर घी और मरहम लगाकर मेरे सीने पे बाँध दिया, रात के आख़री हिस्से में फोड़ा फूट गया। फोड़े से इतना मवाद निकला कि घर और आस-पास के लोग मेरी कुव्वते बर्दाश्त और सब्र के माद्दे को मान गये। अम्मी कहती भी थीं कि यह कमबख़्त मुझ पर पड़ गया है। कभी अपने किसी दुख को प्रकट ही नहीं करता, सदा उसकी ज़बान को लक़वा मार जाता है, अरे अपनी परेशानी पर मुँह से तो फूटा कर, लेकिन शायद मैं ऐसा इसलिए नहीं कर पाता था कि मुझे तो सदा ग़ज़ल का सहारा लेकर अपना दर्द छिपाने का हुनर मिलने वाला था।

शायद ज़िन्दगी का पहला शे'र अम्मी से दूर फोड़े के दर्द से परेशान हो कर कहना था और वह पहला शे'र यह था।

तुम भी मेरी ही तरह रात में रोयी होगी।
मैंने बीमारी में माँ याद किया है तुमको ॥

उस वक़्त तक क़ाफ़िया, रदीफ़ और बहरों (शायरी के उसूलों) से बिल्कुल परिचित नहीं था। ज़ाहिर है कि उस वक़्त मैं लगभग 13 वर्ष का था। हालाँकि अब 65 वर्ष की उम्र में भी ग़ज़ल की विधा पर मेरा कोई अधिकार नहीं है, लेकिन एक बात

मैं विशेष तौर से अपने पीछे आने वाली नस्लों से यह कहना चाहता हूँ कि मीटर और थर्मामीटर तो कपड़ा नापने और बुख़ार देखने के ही काम आते हैं। आपको नये विषयों के पत्थरों को तराश कर उन्हें हीरा बनाना है, हीरे का हार बनाने वाले तो हर दौर में पैदा होंगे, लेकिन इस आज़ादी के साथ मैं अपने छोटों से यह भी कहना चाहता हूँ कि आप कितने बड़े क्यों न हो जाइये अपने बड़ों की जूतियाँ सीधी करते रहियेगा। उनका कहा मानते रहियेगा। यह वह इबादत है जो शोहरत की बुलन्दी को आपके दरवाज़े पर दस्तक देने के लिए ले आयेगी।

दिसम्बर, 2017 **मुनव्वर राना**

अपनी बात

ग़ज़ल पर मुद्दतों तरह-तरह के इल्ज़ाम लगते रहे। बेश्तर आलोचकों ने इस विधा को REJECT किया। इसकी सबसे बड़ी वजह यही थी कि ग़ज़ल कुछ खास मौजूआत की अमरबेल में मुद्दतों जकड़ी रही। इसके बावजूद हज़ारों ऐसे शेर कहे गए जिन्होंने ग़ज़ल के कैनवस को बड़ा किया। हालाँकि ग़ज़ल पर लगे इस इल्ज़ाम की असली वजह ये थी कि बहुत कम शब्दों में अपनी बात ग़ज़ल के माध्यम से ही कही जा सकती थी, फिर उस ज़माने में आम तौर से ग़ज़ल दरबारों में लिखी जाती थी और वहीं सुनी भी जाती थी। इसलिए दरबारी आदाब को नज़र में रखना पड़ता था।

लिहाज़ा शायर हमेशा मयखानों से निकलता हुआ और कोठों से उतरता हुआ दिखायी देता था। इस हक़ीक़त से भी इनकार नहीं किया जा सकता कि उस वक़्त के राजे-महाराजे शायरों की परवरिश और नाज़-बरदारी भी करते थे, लेकिन गुज़रते वक़्त के साथ-साथ ग़ज़ल के शैदाई आम लोग भी होने लगे। और हर ज़माने में जो चीज़ भी अवाम की पसंदीदा हो जाती है, उसका दाख़िला दरबारों में बंद हो जाता है। शायद यही सबब है कि ग़ज़ल जैसे ही गली के मोड़, शहर के चौराहों, कस्बात के चबूतरों और खेत-खलिहानों में भी मौजूआत की तलाश में भटकने लगी

तो इसने नए-नए मंजरनामे भी तलाश कर लिए।

शब्दकोशों के मुताबिक ग़ज़ल का मतलब महबूब से बातें करना है। अगर इसे सच मान लिया जाए तो फिर महबूब 'माँ' क्यों नहीं हो सकती! मेरी शायरी पर मुद्दतों, बल्कि अब तक ज्यादा पढ़े-लिखे लोग EMOTIONAL BLACKMAILING का इल्ज़ाम लगाते रहे हैं। अगर इस इल्ज़ाम को सही मान लिया जाए तो फिर महबूब के हुस्न, उसके जिस्म, उसके शबाब, उसके रुख व रुख़सार, उसके होंठ, उसके जोबन और उसकी कमर की पैमाइश को अय्याशी क्यों नहीं कहा जाता है!

अगर मेरे शेर EMOTIONAL BLACKMAILING हैं तो श्रवण कुमार की फरमां-बरदारी को ये नाम क्यों नहीं दिया गया! जन्नत माँ के पैरों के नीचे है, इसे गलत क्यों नहीं कहा गया! मैं पूरी ईमानदारी से इस बात का तहरीरी इकरार करता हूँ कि मैं दुनिया के सबसे मुक़द्दस और अज़ीम रिश्ते का प्रचार सिर्फ़ इसलिए करता हूँ कि अगर मेरे शेर पढ़कर कोई भी बेटा माँ की ख़िदमत और ख़याल करने लगे, रिश्तों का एहतेराम करने लगे तो शायद इसके बदले में मेरे कुछ गुनाहों का बोझ हल्का हो जाए।

ये किताब भी आपकी ख़िदमत तक सिर्फ़ इसलिए पहुँचाना चाहता हूँ कि आप मेरी इस छोटी-सी कोशिश के गवाह बन सकें और मुझे भी अपनी दुआओं में शामिल करते रहें।

ज़रा-सी बात है लेकिन हवा को कौन समझाये,
दिये से मेरी माँ मेरे लिए काजल बनाती है।

10-सी, बोलाई दत्ता स्ट्रीट —**मुनव्वर राना**
कोलकाता-73
मोबाइल : 9839050450, 9415020167

तमाम उम्र ये झूला नहीं उतरता है

मेरी माँ बताती है कि बचपन में मुझे सूखे की बीमारी थी, माँ को यह बताने की ज़रूरत क्या है, मुझे तो मालूम ही है कि मुझे कुछ-न-कुछ बीमारी ज़रूर है क्योंकि आज तक मैं बीमार सा हूँ! दरअस्ल मेरा जिस्म बीमारी से रिश्तेदारी निभाने में हमेशा पेशपेश रहा है। शायद इसी सूखे का असर है कि आज तक मेरी ज़िन्दगी का हर कुआँ ख़ुश्क है, आरज़ू का, दोस्ती का, मोहब्बत का, वफ़ादारी का! माँ कहती है बचपन में मुझे हँसी बहुत आती थी, हँसता तो मैं आज भी हूँ लेकिन सिर्फ़ अपनी बेबसी पर, अपनी नाकामी पर, अपनी मजबूरियों पर और अपनी तनहाई पर लेकिन शायद यह हँसी नहीं है, मेरे आँसुओं की बिगड़ी हुई तस्वीर है, मेरे अहसास की भटकती हुई आत्मा है। मेरी हँसी 'इंशा' की खोखली हँसी, 'मीर' की ख़ामोश उदासी और 'ग़ालिब' के ज़िद्दी फक्कड़पन से बहुत मिलती-जुलती है।

मेरी हँसी तो मेरे ग़मों का लिबास है
लेकिन ज़माना इतना कहाँ ग़म-शनास है

पैवन्द की तरह चमकती हुई रौशनी, रौशनी में नज़र आते

हुए बुझे-बुझे चेहरे, चेहरों पर लिखी दास्तानें, दास्तानों में छुपा हुआ माज़ी, माज़ी में छुपा हुआ मेरा बचपन, जुगनुओं को चुनता हुआ बचपन, तितलियों को पकड़ता हुआ बचपन, पेड़ की शाखों से झूलता हुआ बचपन, खिलौनों की दुकानों को तकता हुआ बचपन, बाप की गोद में हँसता हुआ बचपन, माँ की आगोश में मुस्कुराता हुआ बचपन, मस्जिदों में नमाज़ें पढ़ता हुआ बचपन, मदरसों में सिपारे रटता हुआ बचपन, झील में तैरता हुआ बचपन, धूल-मिट्टी से सँवरता हुआ बचपन, नन्हे-नन्हे हाथों से दुआएँ माँगता हुआ बचपन, गुलेल से निशाने लगाता हुआ बचपन, पतंग की डोर में उलझा हुआ बचपन, नींद में चौंकता हुआ बचपन, ख़ुदा जाने किन भूल-भुलैयों में खोकर रह गया है, कौन संगदिल इन सुनहरे दिनों को मुझसे छीनकर ले गया है, नदी के किनारे बालू से घरौंदे बनाने के दिन कहाँ खो गए, रेत भी मौजूद है, नदी भी नागिनों की तरह बल खा कर गुज़रती है लेकिन मेरे यह हाथ जो महल तामीर कर सकते हैं, अब घरौंदे क्यों नहीं बना पाते, क्या पराँठे रोटियों की लज़्ज़त छीन लेते हैं, क्या पस्ती को बलन्दी अपने पास नहीं बैठने देती, क्या अमीरी, ग़रीबी का ज़ायक़ा नहीं पहचानती, क्या जवानी बचपन को क़त्ल कर देती है?

मई और जून की तेज़ धूप में माँ चीख़ती रहती थी और बचपन पेड़ की शाख़ों पर झूला करता था, क्या धूप चाँदनी से ज़्यादा हसीन होती है, माचिस की ख़ाली डिबियों से बनी रेलगाड़ी की पटरियाँ चुराकर कौन ले गया, काश कोई मुझसे कारों का ये क़ाफ़िला ले ले और इसके बदले में मेरी वही छुक-छुक करती हुई रेलगाड़ी मुझे दे दे, क्योंकि लोहे और स्टील की बनी हुई गाड़ियाँ वहाँ नहीं रुकतीं जहाँ भोली-भाली ख़्वाहिशें मुसाफ़िरों की तरह इन्तिज़ार करती हैं, जहाँ मासूम तमन्नाएँ नन्हे-नन्हे होंठों से बजने वाली सीटियों पर कान लगाए रहती हैं।

कोई मुझे मेरे घर के सामने वाला कुआँ वापस ला दे जो मेरी माँ की तरह ख़ामोश और पाक रहता था, मेरी मौसी जब मुझे अपने गाँव लेकर चली जातीं तो माँ ख़ौफज़दा हो जाती थी क्योंकि मैं सोते में चलने का आदी था, माँ डरती थी कि मैं कहीं आँगन के कुएँ में न गिर पड़ूँ, माँ रात भर रो-रोकर कुएँ के पानी से कहती रहती कि, ऐ पानी! मेरे बेटे को डूबने मत देना, माँ समझती थी कि शायद पानी से पानी का रिश्ता होता है, मेरे घर का कुआँ बहुत हस्सास था, माँ जितनी देर कुएँ से बातें करती थी कुआँ अपने उबलते हुए पानी को पुरसुकूत रहने का हुक्म देता था, शायद वह मेरी माँ की भोली-भाली ख़्वाहिशों की आहट को एहतेराम से सुनना चाहता था। पता नहीं यह पाकीज़गी और ख़ामोशी माँ से कुएँ ने सीखी थी या कुएँ से माँ ने?

गर्मियों की धूप में जब टूटे हुए एक छप्पर के नीचे माँ लू और धूप से टाट के पर्दों के ज़रिए मुझे बचाने की कोशिश करती तो मुझे अपने आँगन में दाना चुगते हुए चूज़े बहुत अच्छे लगते जिन्हें उनकी माँ हर खतरे से बचाने के लिए अपने नाजुक परों में छुपा लेती थी। माँ की मुहब्बत के आँचल ने मुझे तो हमेशा महफूज़ रखा लेकिन गरीबी के तेज झक्कड़ों ने माँ के ख़ूबसूरत चेहरे को झुलसा-झुलसा कर साँवला कर दिया। घर के कच्चे आँगन से उड़ने वाली परेशानी की धूल ने मेरी माँ का रंग मटमैला कर दिया। दादी भी मुझे बहुत चाहती थी। वह हर वक़्त मुझे ही तका करती, शायद वह मेरे भोले-भाले चेहरे में अपने उस बेटे को तलाश

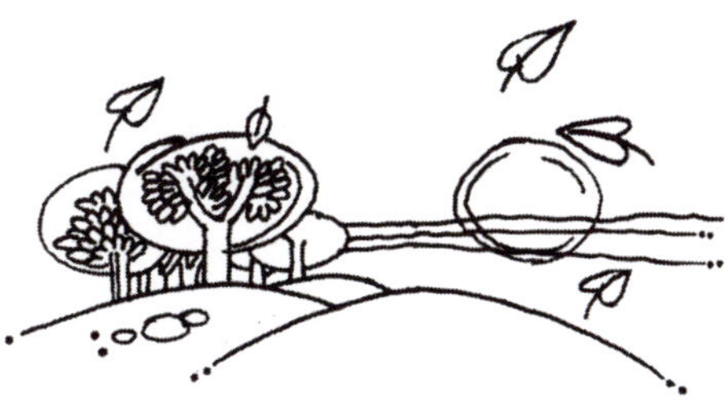

करती थी जो ट्रक ड्राइवर की सीट पर बैठा हुआ शेरशाह सूरी के बनाए हुए रास्तों पर हमेशा गर्मेसफ़र रहता था।

शेरशाह सूरी की बनवाई हुई वह तारीक सड़क गुनहगार दिलों की तरह रह-रहकर ट्रक और कारों की हेडलाइटों से यूँ चमकने लगती है जैसे इस बेईमान ज़माने में कहीं-कहीं ईमानदारी की किरन दिखाई पड़ जाती है। शेरशाह सूरी की वह तवील सड़क जिसके सीने पर रोज़ाना हज़ारों गाड़ियाँ गुज़रती रहती हैं लेकिन यह बेजान सड़क बिहार के किसी हरिजन कबीले की तरह दुखों का बोझ उठाए चुपचाप मुस्कुराती रहती है। न जाने कितने ही ड्राइवर अपने फूल से बच्चों का मुस्तक़बिल सँवारने के लिए त्योहारों को भुलाते हुए, मौसमों की परवाह न करते हुए, ज़िन्दगी को दाँव पर लगाते हुए इस पुरानी सड़क से गुज़रते रहते हैं। थकी-थकी और पुरअसरार सी यह सड़क आए दिन इनसानों का ख़ून पीकर अपनी प्यास बुझाती रहती है। सुर्ख इनसानी ख़ून जो तारकोल की काली सड़क पर ज़रा-सी देर में ख़ुश्क होकर स्याह हो जाता है। ख़ून के इस धब्बे को भी ज़रा सी देर में वहाँ से गुजरने वाली गाड़ियों के नर्म और काले टायर चाट जाते हैं। वह धब्बे जिनमें किसी सुहाग की सुर्ख़ी, किसी माँ का इन्तज़ार और किसी बहन के मैले दुपट्टे के आँसू भी शामिल होते हैं।

खबर नहीं मुझे यह ज़िन्दगी कहाँ ले जाए
कहीं ठहर के मेरा इन्तज़ार मत करना

एक सियासी लकीर ने सब कुछ तक़सीम कर दिया, मुल्क को, क़ौम को, रिश्तों को, मुहाफ़िजों को, मुज़रिमों को, नदियों-तालाबों को। एक घोंसले के कई हिस्से हो गए, एक घर के कई टुकड़े हो गए, कस्टूडियन की चक्की में अजदाद की इमारतें पिस गयीं, ख़ानदानों की मुट्ठियों से ज़मींदारी की बालू सरक गयी, जागीरदारी

के चेहरे से वक़ार और एतमाद का रंगो-रोगन उड़ गया, ख़ानदानी ज़ेवरात (जिन्हें गैर मर्दों ने देखा तक नहीं था) साहूकारों की तिजोरियों में कैद हो गए, पाकिस्तान बन गया, अल्लामा इक़बाल की पेशीनगोई, जिनाह का ख़्वाब, ताबीर की जुस्तुजू में भटकता हुआ पंजाब के उस पार पहुँच गया, रफ्ता-रफ्ता हर घर में पाकिस्तान तामीर होने लगा। मेरे सभी रिश्तेदार अपना मुस्तक़बिल सँवारने के लिए पाकिस्तान रवाना हो गए। पंजाब मेल जो हर ज़माने में जुदाई की कहानी में एक नया रोल अदा करता है मेरे घर के मर्दों और सफ़ेद काले बुर्क़ों में सहमी-सिमटी हुई औरतों को लेकर उस मोहाजिर-ख़ाने की तरफ़ रवाना हो गया जिसे लोग पाकिस्तान कहते हैं। मैं चुपचाप अपनी दादी से चिमटा रहा। मेरे चचा ने दादी से पाकिस्तान चलने को कहा और वह भी मोहाजिरीन के ख़ेमे की तरफ़ जाने को तैयार हो गयीं। मैं दरवाज़े की चौखट पर बैठा हुआ यह सोचता ही रह गया कि मेरी दादी मुझे छोड़कर नहीं जाएगी और शायद पहली बार यह मुहाविरा ग़लत हो गया कि अस्ल से ज़्यादा सूद प्यारा होता है।

रेलगाड़ी के कोयले वाले इंजन से निकलते हुए धुएँ ने मेरे वालिद की भीगी हुई आँखों को मैला कर दिया। अब वह इस मुल्क में अकेले रह गए थे। बिल्कुल उस परिन्दे की तरह जिसके सब साथी जाल में फँस गए हों। फिर जैसे ही रेलगाड़ी की सीटी ने सिसकियाँ लीं, कारवाँ अपनी अनजानी सी मंज़िल की तरफ़

रवाना हो गया, प्लेटफॉर्म के किनारे खड़े हुए मेरे वालिद लड़खड़ाए, मैंने लपककर सहारा देना चाहा, उन्होंने अपना जिस्म मेरे हवाले कर दिया और मैं उसी दिन जवान हो गया। ज़रूरत की रेलगाड़ी में बैठकर मेरा बचपन जवानी के शहर में आ गया, कोयले से दीवारों पर नाम लिखने का मौसम चला गया। तख़्ती पर खरिया मिट्टी से सबक़ लिखने के दिन चले गए, रोटी की डलिया के सहारे चिड़ियाँ पकड़ने का खेल ख़त्म हो गया। अब माँ सर में सफ़ेद नहीं काले बाल ढूँढ़ती है। यह तलाशो-जुस्तुजू का तवील सिलसिला कभी ख़त्म नहीं होगा, कभी कोख औलाद को तलाश करती है, कभी औलाद माँ की मुक़द्दस आग़ोश को।

मेरा बचपन था मेरा घर था खिलौने थे मेरे
सर पे माँ-बाप का साया भी ग़ज़ल जैसा था

उम्र भर धूप में पेड़ जलता रहा

ज़ख़्म कैसा भी हो कुरेदिए तो अच्छा लगता है। माज़ी कैसा भी रहा हो सोचिए तो मज़ा आता है। बचपन जैसा भी गुज़रा हो राज-सिंहासन से अच्छा होता है। मुझे नहीं मालूम ज़मींदारी कैसी होती है क्योंकि मैंने बारहा माँ को भूखे पेट सोते देखा है। मुझे क्या पता ज़मींदार कैसे होते हैं, क्योंकि मैंने मुद्दतों अपने अब्बू के हाथों में ट्रक का स्टेयरिंग देखा है। मैंने बहुत से ख़्वाब देखे हैं। मुमकिन है मेरे अब्बू ने भी ख़्वाब देखे हों क्योंकि एक थका-माँदा ट्रक ड्राइवर बहुत बेखबरी की नींद सोता है। लेकिन मुझे मालूम है मेरी माँ ने कभी ख़्वाब नहीं देखा था क्योंकि ख़्वाब तो वे आँखें देखती हैं जो सोती हैं, लेकिन मैंने अम्मी को कभी सोते हुए नहीं देखा। उनकी आँखें हमेशा घर की दहलीज़ पर और जिस्म जा-नमाज़ पर रक्खा देखा है और जवानी उस ट्रक ड्राइवर के इन्तज़ार में क़तरा-क़तरा पिघलते देखी है जो मेरे अब्बू भी थे और अम्मी के सर का आँचल भी।

रायबरेली से मेरा ननिहाल सिर्फ बीस मील के फासले पर था लेकिन ग़ुरबत फ़ासले बढ़ा देती है, लिफ़ाफ़े और पोस्टकार्ड को छोटा कर देती है। ग़ुरबत में रिश्तेदार भी दूर का चिराग मालूम

होते हैं। ग़ुरबत में वह नशा है जिसमें ख़ुदा भी रिश्तेदार मालूम होता है। मुमकिन है ख़ुदा आसमान पर बहुत बड़े घर में रहता हो लेकिन ज़मीन पर वह सिर्फ़ गरीब आदमी के दिल में रहता है। ग़ुरबत में करौंदे और बेर के काँटे उँगलियों से ख़ून निकालकर उसकी जाँच कर लेते हैं। खून की बूँदों को जाँचने और परखने के लिए किसी लेबोरेट्री में भेजने की ज़रूरत नहीं पड़ती, ग़ुरबत के वह दिन भी क्या होते हैं जब शो केस में रक्खी हुई गुड़िया को देखने के लिए ग़रीबी एहतियातन हाथ-मुँह धो लेती है।

एक दिन मेरे अब्बू घर आए। मेरी अम्मी नानी के घर गयी हुई थीं। मेरे दो छोटे भाई भी अम्मी के साथ चले गए थे (एक छोटा भाई यहिया राना तक़रीबन 12 बरस पहले ऐन नौजवानी के आलम में जीप के हादसे में मालिके हक़ीक़ी से जा मिला) मैं घर पर अपनी दादी के पास था। क्योंकि दादी मुझे बहुत चाहती थीं। पता नहीं लड़कों से दादी को और लड़कियों से नानी को इतनी मुहब्बत क्यों होती है। शायद नानी दुख़्तर ज़ादी में अपनी बेटी तलाश कर लेती है और दादी पोते में अपना बेटा ढूँढ़ लेती है। अब्बू मुझे ट्रक पर बिठाकर ननिहाल की तरफ़ चल दिए। जहाँ तक ट्रक जा सकता था अब्बू ट्रक चलाकर ले गए। फिर एक जगह ट्रक रोक दिया और मुझे साथ लेकर पैदल ही गाँव की तरफ़ चल दिए। ग़ालिबन दो-ढाई मील का फ़ासला रहा होगा। पगडंडियों पर चलने की आदत न होने से मुझे यूँ भी तकलीफ़ हो रही थी। फिर सफ़र भी लम्बा था, चलते-चलते मैं अब्बू से बहुत पीछे हो जाता। वह मुड़कर देखते तो मैं फिर दौड़कर उनके पास पहुँच जाता। बचपन में बाप भी ख़िज़्र अलैहिस्सलाम मालूम होता है। कुदरत यह एहसास सिर्फ़ बचपन को ही अता करती है। अचानक अब्बू एक जगह उकड़ूँ बैठ गए और बोले तुम मेरे कंधे पर बैठ जाओ, मैंने कहा नहीं अब्बू जान! आप थक जाएँगे। मैं

आपके साथ चलूँगा आपके कंधे पर नहीं बैठूँगा। अब्बू ने मेरी तरफ़ मुस्कुराकर देखा और बोले तुम बोझ नहीं हो मेरे बेटे हो, मैं थकूँगा नहीं। यह कहकर उन्होंने ज़बरदस्ती मुझे अपने कंधे पर बिठा लिया और कहने लगे ठीक है मैं तुम्हें अपने कंधे पर बिठाकर चल रहा हूँ। जब तुम बड़े होना तो मुझे कार लाकर देना। उस वक़्त मेरी उम्र मुश्किल से सात-आठ बरस रही होगी।

बचपन ख़ुशबू की तरह होता है, बहुत देर नहीं ठहरता, या बचपन को पर लग जाते हैं। दिन महीनों में और महीने बरसों में तब्दील होते रहे। कुछ ही बरसों बाद सारा ख़ानदान पाकिस्तान चला गया। जैसे ताऊन में गाँव साफ़ हो जाते हैं, जैसे जंगल में आग लग जाती है, जैसे रंगत को धूप खा जाती है, जैसे किरदार को शहर खा जाते हैं, जैसे ईमान को हवस निगल लेती है, जैसे हवेलियों को अना खा जाती है, जैसे आईने को वीरानी खा लेती है। शायद आईना चेहरा देखने के लिए होता है और ढाल मैदान में तन्हा छोड़कर जाते हुए लश्कर को देखने के लिए होती है। सियासत की बिसात पर दुनिया की सबसे ज़हीन क़ौम मोहरा बनकर रह गयी। तक़सीम के खेल में पाकिस्तान जीत गया मगर मुसलमान हार गए। कभी-कभी सोचता हूँ ये कैसी शिकस्त थी जिसका एहसास बावन बरस गुज़र जाने के बाद भी बाकी है। यह कैसा ज़ख़्म था जिसकी कसक हर मरने वाले के चेहरे से उतरकर पैदा होने वाले के चेहरे पर चिपक जाती है। यह कैसी निदामत थी जिसे तीन नस्लों के आँसू भी नहीं धो सके। ये कैसी तक़सीम

थी जिसका हिस्सा आज तक नहीं लग सका। यह कैसा फ़ैसला था जिसने ताजमहल के दो टुकड़े कर दिए, कश्मीर के दो हिस्से हो गए, जामा मस्जिद आधी हो गयी, ग़ज़ल ने मर्सिये का रूप धार लिया, उर्दू ज़बान सरहद की सूली पर लटका दी गयी और फ़रार को हिजरत का लक़ब दे दिया गया।

एक टूटे से घर में बारिशों में टपकते हुए छप्पर के नीचे अब्बू ने अपने गीली मिट्टी जैसे बच्चों को उस सीधी-सादी पर्देदार ख़ातून के सुपुर्द कर दिया जो मेरी माँ थीं और ख़ुद अल्लाह का नाम लेकर अपने बाज़ुओं के भरोसे रोज़ी की तलाश में शबो-रोज़ शेरशाह सूरी की बनवाई सड़क के पेचो-ख़म से खेलना शुरू कर दिया। अब्बू कभी हफ़्ते भर बाद आते, कभी दस दिनों बाद वापसी होती, कभी थोड़ी देर ठहरते, कभी थोड़े दिन ठहरते, और फिर हम लोगों के रौशन मुस्तक़बिल की तलाश में ट्रक का स्टेयरिंग थाम लेते। वह सारी ज़िन्दगी विंड-स्क्रीन ग्लास से सड़क के बजाय हमारे मुस्क़बिल का ख़्वाब देखते रहते थे। मुस्तक़बिल का ख़्वाब भी वह नशा होता है जो सारी उम्र नहीं उतरता, वह अल्हड़ शबाब होता है जिससे बुढ़ापा कतरा के गुज़रता है। वह तूफ़ान होता है जिसे बाँधा नहीं जा सकता।

अब्बू हम लोगों के बारे में सोचते बहुत थे। उन्हें कोई भी मौसम डरा नहीं पाता था। वह लू-धूप की शिद्दत के ज़माने में अँगोछा भिगोकर सर पर लपेट लेते थे। बारहा उन्होंने रायबरेली से कलकत्ता तक पंजाब मेल के ड्राइवर को आगे नहीं निकलने दिया। रफ़्ता-रफ़्ता गाड़ी चलाना उनका पेशा ही नहीं शौक बनकर रह गया। वह ज़्यादा से ज़्यादा वक़्त ट्रक चलाने में गुज़ार देते थे लेकिन वह हम लोगों से ग़ाफ़िल नहीं हो पाते थे। वह इस ख़याल से कभी पेट भरकर खाना भी नहीं खाते थे कि पता नहीं घर पर चूल्हा जला भी होगा या नहीं? और अक्सर ऐसा होता भी था कि

मेरे घर में चूल्हा नहीं जलता था। अम्मी हम लोगों को रिश्ते की एक फूफी के घर भेज देतीं और खुद ख़ाली पेट सो जाती थीं या जानमाज़ पर खड़ी हो जाती थीं। अब्बू आग से बहुत डरते थे। रास्ते में अगर कहीं आग लगी देख लेते थे तो फौरन यह ख़याल परेशान करने लगता था कि मेरे छोटे-छोटे बच्चे हैं। अगर ख़ुदा नख़्वास्ता घर में आग लग गयी तो क्या होगा? मेरी अम्मी मेरे घर की रिवायती पर्दादारी की तरफ़दार भी थीं और निगहबान भी। हम लोगों के कपड़े ख़्वाह फटे हुए क्यों न हों लेकिन घर के दरवाज़े पर हमेशा एक मज़बूत पर्दा झूलता रहता था।

वक़्त को दबे पाँव चलने की इतनी आदत है कि महसूस हुए बग़ैर गुज़र जाता है। ग़ालिबन सन् 1964 में अब्बू ने कलकत्ते में ट्रांसपोर्ट का छोटा-सा काम शुरू किया। 1967 में अम्मी और छोटे भाई-बहन भी कलकत्ता चले गए। हम तीन भाई अब्बू के ख़ालाज़ाद भाई यूनुस सूफी (जिन्हें हम लोग चचाजान कहते थे) के घर में रहकर तालीम हासिल कर रहे थे। 1968 में अब्बू हम लोगों को भी लेकर कलकत्ता चले आए। मोहम्मद जान स्कूल से हायर सेकेण्ड्री करने के बाद मेरा दाख़िला उमेश चन्द्र कालेज में बी.कॉम. में हो गया। तालीम मुकम्मल करने की नौबत नहीं आयी। क्योंकि एक तो मुझे शायरी, ड्रामा निगारी और स्टेज प्रोग्राम का चस्का लग गया, दूसरे अचानक अब्बू बीमार होकर इस्लामिया हॉस्पिटल में भर्ती हो गए। तक़रीबन पच्चीस दिनों तक हॉस्पिटल में रहे। पढ़ाई से मेरा जी उचाट हो गया और मैं अब्बू

के साथ ट्रांसपोर्ट के ऑफ़िस में बैठने लगा। अब्बू को शायरी बहुत पसंद थी। 'सोज़' सिकन्दरपुरी, प्रोफ़ेसर एज़ाज़ अफ़ज़ल 'राज़ इलाहाबादी' और 'नाज़िश' प्रतापगढ़ी से उनके बहुत गहरे मरासिम थे। अपने आख़िरी दिनों में एज़ाज़ अफ़ज़ल का ये शेर मुस्तक़िल पढ़ते रहते थे–

अफ़ज़ल का मुकद्दर है हक़गोई-ओ-बेबाकी।
सच बात कही होगी, झुठलाए गए होंगे।

लेकिन वह इस बात पर क़तई राज़ी नहीं थे कि मैं शायर बनूँ। लेकिन तकदीर के लिखे को कैसे टाला जा सकता है। मैं बिगड़ते-बिगड़ते एक दिन शायर बन ही गया लेकिन अब्बू के ख़ून-पसीने से सींचे हुए कारोबारी पौधे पर कभी धूप-छाँव का असर नहीं होने दिया। कारोबारी गद्‌दी पर बिठाते वक़्त अब्बू ने पन्द्रह-बीस हज़ार रुपयों के साथ ईमानदारी, बेबाकी, हक़गोई और शराफ़त की जो पूँजी मेरे हवाले की थी ख़ुदा का शुक्र है कि मैंने उसमें इज़ाफ़ा ही किया है। सन् 1987 में अब्बू कलकत्ते से वापस रायबरेली आ गए।

मोहाज़िरो! यही तारीख़ है मकानों की
बनाने वाला हमेशा बरामदों में रहा

छोटे भाई की मौत के बाद अब्बू टूट-फूट गए, लेकिन वह कभी इसका इज़हार नहीं होने देते थे लेकिन अंदर-अंदर धूप में रखी बर्फ़ की तरह पिघलने लगे। हम सब भाई उनको किसी भी तरह ख़ुश रखने की कोशिश में लगे रहते। हर तरह उनकी दिलजूई में मशरूफ़ रहते, लेकिन अब एक तरह से वह उस बच्चे की तरह हो गए थे, जो बहुत डरा हुआ होता है। हम लोगों को रात के सफ़र से मना करते थे लेकिन चूंकि ट्रांसपोर्ट के काम में

जब तक हेड लाइट साथ दे रात को रात नहीं कहा जाता। लिहाज़ा इस मजबूरी की वजह से हमारा रातों का सफ़र अब्बू को भी घर में जगाए रखता था। हफ्तों घर का मुँह न देखने वाले अब्बू अब कहीं भी जाते तो कोशिश यही करते कि रात होने से पहले-पहले वह रायबरेली वापस आ जाएँ। समन्दर की लहरों पर चलने वाला मुसाफ़िर अब नदी के किनारे बैठकर वज़ू करते हुए भी थक जाता था। अब्बू अपने चेहरे से और ख़ास तौर पर अपनी आवाज़ से कभी अपनी कमज़ोरी का एहसास नहीं होने देते थे। मुझे देर रात में फ़ोन करने वाले अक्सर धोखा खा जाते थे। अगरचे यहया की मौत के बाद अब्बू बिल्कुल टूट-फूट चुके थे मगर उनकी आवाज़ में कभी लोच नहीं आया था।

सन् 1999 के बाद अब्बू बिल्कुल कमज़ोर हो गए थे। दोनों गुर्दों ने काम करना तक़रीबन बंद कर दिया था। हफ़्ते में दो बार रायबरेली से लखनऊ डाइलिसिस के लिए लाए जाते। इसके बावजूद उनकी खुद-एतमादी में कमी नहीं आई थी बल्कि कभी-कभी तो उनके चेहरे पर ज़िन्दगी की चमक देखकर मौत भी मायूसी का शिकार हो जाती रही होगी।

एक दिन मैंने सोचा कि अब्बू की 'ज़ेन' कार पुरानी हो गयी है। नयी कार लाई जाए तो मुमकिन है कि अब्बू की ज़िन्दा रहने की उमंग बढ़ जाए। मैं कलकत्ता गया तो उनके लिए एक 'टाटा सफ़ारी' ख़रीदी। जब किसी ने अब्बू को बताया कि चचा आपके लिए भैया ने सफारी ख़रीदी है तो अब्बू बिस्तर पर उठकर

बैठ गए और बच्चों की तरह पूछा, ''शहर में यह गाड़ी किसी के पास है?'' जब ये बताया गया कि अभी ये गाड़ी पूरे ज़िले में किसी के पास नहीं है तो सुनकर मुस्कुराए और फिर बच्चों की तरह लेट कर सो गए। जिस दिन कलकत्ते से सफ़ारी आयी अब्बू डाइलिसिस के लिए लखनऊ गए हुए थे।

शाम को कचहरी वालों की तरफ़ से 'हिन्दी-दिवस' के मौक़े पर फ़ीरोज़ गाँधी कालेज के आडिटोरियम में एक कवि-सम्मेलन था। रायबरेली के ज़िला जज मोहतरम पी.डी. कौशिक साहब उर्दू से मुहब्बत करते थे, इसी निस्बत से वह मेरा भी ख़याल करते थे। उन्होंने मुझे भी दावत नामा इस ताकीद के साथ भिजवाया था कि आपको शरीक होना है। मैं शाम को कवि-सम्मेलन में जाने के लिए निकला। कार अब्बू को लेकर अभी लौटी नहीं थी। ड्राइवर चुन्ने खाँ जो सफ़ारी कलकत्ता से चलाकर लाए थे, कहने लगे चलिए मैं आपके साथ कवि-सम्मेलन में चलता हूँ। मैंने मना किया तो बोले मैं आपको छोड़कर चला जाऊँगा। मैंने उन्हें समझाया कि मैं अभी सफ़ारी पर नहीं बैठ सकता क्योंकि अभी तक इस गाड़ी का असली मालिक इस गाड़ी पर नहीं बैठा है। यह सुनकर चुन्ने खाँ भी रंजीदा हो गए और मैं चुपचाप सर झुकाए सड़क पर आ गया और रिक्शे पर बैठकर फ़ीरोज़ गाँधी डिग्री कालेज की तरफ़ रवाना हो गया। इत्तिफ़ाक़ से आडिटोरियम के सदर दरवाज़े पर ज़िला जज साहब मिल गए। उन्होंने मुझे रिक्शे से उतरते देख लिया था। वह मेरे पास आए और शिकायती लहजे में बोले कि आपने फ़ोन कर दिया होता। कोई भी गाड़ी चली जाती और आपको ले आती। मैंने उनका शुक्रिया अदा करते हुए उनको याद दिलाया कि आपने एक बार ये क़िस्सा सुनाया था कि इलाहाबाद के किसी मंदिर में एक राजा पहुँचा और उसने मंदिर के पुजारी से पूछा कि पुजारी जी क्या कभी किसी ने इस मंदिर पर चढ़ावे में

दो सेर सोना चढ़ाया है? पुजारी जी बोले नहीं महाराज अभी तक तो ऐसा कोई भी दानी इधर से नहीं गुज़रा। राजा ने मुस्कुराकर कहा तो समझ लीजिए वह दानी शहर में आ चुका है। कल मैं मन्दिर में दो सेर सोना चढ़ाऊँगा। पंडित जी ने मुस्कुराते हुए हाथ जोड़ लिए और बोले लेकिन महाराज मैं ये चढ़ावा लेने से इनकार करता हूँ। राजा ने पूछा पंडित जी आप यह चढ़ावा लेने से इनकार क्यों कर रहे हैं? पंडित जी ने फिर हाथ जोड़ लिए और बोले महाराज, मंदिर में दो सेर सोना चढ़ाने वाले तो हमेशा पैदा होते रहेंगे लेकिन मुमकिन है मेरे बाद कोई इनकार करने वाला न पैदा हो। ज़िला जज साहब ने मुझे उलझी हुई सवालिया निगाहों से देखा तो मैंने भी हाथ जोड़ लिए कि जनाब मैं अपने दरवाज़े पर सफ़ारी छोड़कर इसलिए आया हूँ कि हर दौर में सफ़ारी जैसी महँगी और उससे भी महँगी गाड़ियों पर बैठकर लोग कवि-सम्मेलन और मुशायरे में आते रहेंगे लेकिन मुमकिन है मेरे बाद क़ीमती कार छोड़कर रिक्शे पर बैठकर आने वाला न पैदा हो।

अब्बू सिर्फ़ एक बार उस गाड़ी में बैठ सके क्योंकि अगले हफ़्ते अम्मी अपनी कलाई की सब चूड़ियाँ तोड़ चुकी थीं। वह दिन है और आज का दिन, मैंने सफ़ारी की तरफ निगाह उठाकर नहीं देखा। तक़रीबन 6 महीने तक गाड़ी यूँ ही खड़ी रही। मैं कोशिश करता था कि उस पर निगाह न पड़ने पाए। फिर एक दिन मेरे

एक मोहसिन ने मुझसे वह गाड़ी कुछ दिनों के लिए माँग ली। मैंने ड्राइवर से गाड़ी उनके घर पर खड़ी करवा दी और आज तक वापस लाने की हिम्मत नहीं कर सका।

मुझे मालूम नहीं रिवायती शायरी, तरक़्क़ी पसंद अदब, जदीदियत और माबादे जदीदियत किसे कहते हैं। मैं तो आपबीती को जगबीती और जगबीती को आपबीती के लिबास से आरास्ता करके ग़ज़ल बनाता हूँ। आपको अच्छी लगे तो शुक्रिया न अच्छी लगे तो भी शुक्रिया।

दुःख बुज़ुर्गों ने काफ़ी उठाए, मगर मेरा बचपन बहुत ही सुहाना रहा
उम्र भर धूप में पेड़ जलते रहे, अपनी शाख़ें समरदार करते हुए

हम अपने गाँव की गलियों में सावन छोड़ आए हैं

अपने अंदर की वीरानी पर खुशरंग फूल पत्तियों की नकाब को हरियाली कहते हैं। मेरे घर के छोटे से बागीचे में भी बहुत हरियाली है। पुराने ज़ख़्मों को हरा रखने के लिए माज़ी के मुर्दा जिस्म में बराबर सुइयाँ चुभोनी पड़ती हैं। घर के बाग़ीचे भी अपने आपको तरोताजा रखने के लिए चिड़ियों, तेज़ हवाओं और बच्चों को शरारतें तक करने की इजाज़त देते रहते हैं। सीमेंट के गमले और दर-ओ-दीवार, कैक्टस की क़तारें, ख़ुशबू से ख़ाली गुलाब, तहज़ीब से उगी हुई घास, तरतीब से साँप-सीढ़ी बनाती बेलें एक घर में रहते हुए लोगों के दिलों में फ़ासलों की फ़सल बो देती हैं। कभी-कभी लॉन की हरियाली में हिस्सा लेते हुए फूल भी लड़कियों के नसीब की तरह लगते हैं। शाखों से अलग होने के दुख-सुख और अंजाम से नावाक़िफ़ ये फूल मगर खिलते ज़रूर हैं कि यही फितरत का तकाज़ा है, मौत ही ज़िन्दगी के एहसास का नाम है, दर्द ही दिल की मौजूदगी का गवाह है।

उत्तर प्रदेश के कई बड़े शहरों से घिरा कई तारीख़ी क़स्बात को अपने सीने से लगाए अपने चेहरे पर बंजर और ज़रख़ेज़ मिट्टी

मिले हुए गंगा जी के कछार में सई नदी के किनारे रायबरेली आबाद है। अदबी तौर पर बेइन्तहा मालामाल यह शहर सियासी तौर पर भी बहुत होशियार है। इस शहर में सियासत इक़्तिदार का नाम नहीं है, बल्कि सूझ-बूझ का नाम है। कुछ शहर अपने जोग्राफ़िए की हिफाज़त में इतने मशरूफ़ रहते हैं कि तारीख़ उन्हें भूलने लगती है। दरअस्ल तारीख़ लिखने वालों को यह अंदाज़ा ही नहीं हो पाता कि वह डायरी नहीं दस्तावेज़ लिख रहे हैं। उनकी एक मामूली सी ग़लती शहर को खँडहर में, इबादतगाहों को मैदान-ए-जंग में और इनसानी जिस्मों को गोश्त की दुकान पर सजी मुर्दा भेड़-बकरियों में तब्दील कर देती है।

इसी शहर के एक क़दीम मुहल्ले में मेरा घर है। मेरा आबाई घर, जिसकी पुरानी बुनियादों पर जब नई ईंटों ने अपना सर रखा तो घरवालों ने मेरी एक किताब का नाम भी उसके हवाले कर दिया, जिसकी निस्बत से मेरा घर भी 'ग़ज़ल गाँव' कहलाने लगा। ग़रीब घर में पैदा होने वाले बच्चे का नाम नहीं रखा जाता, क्योंकि नाम कुछ भी रख दिया जाए दुनिया उस बच्चे को उसी नाम से पुकारती और पहचानती है जो ग़ुरबत उसकी पेशानी पर लिख देती है :

ज़िन्दगी चाहे गदागर ही बनाकर रख दे,
ऐ मेरी माँ तू मेरा नाम सिकन्दर रख दे।

'ग़ज़ल गाँव' पुराने हिन्दुस्तान के एक मुहल्ले का छोटा-सा घर है, जिसका नए हिन्दुस्तान से सिर्फ़ इतना ही ताल्लुक है कि बिजली और टेलीफ़ोन के तारों के फैलाव ने कौवों, कबूतरों और चिड़ियों को कुछ देर आराम करने के लिए नई चौकियाँ अता कर दी हैं, अभी तक यह इलाका नए ज़माने की ख़ुदगर्ज़ियों से ज्यादा मैला नहीं हुआ है लेकिन फिर भी बिजली के तारों से चलने वाले रेफ्रिजरेटरों ने इनसान के दिलों से सखावत, फय्याज़ी, दरियादिली

और ग़रीब परवरी के जज़्बे को छीन लिया है। अब रोटी की डलिया परिन्दों की पहुँच से बाहर होती जा रही है। गुलाब चेहरा, सुराहियों और घड़ों से चिड़ियों और कबूतरों की इज़ारादारी ख़त्म होने लगी है। टेलीविज़न इनसानों को कमरों में कैद करने की कोशिश में लगा हुआ है। सियासत रोज़ नए लिबासों में मुहल्ले की गर्दिश में मसरूफ़ रहती है लेकिन कई सदियों की मुहब्बतें कई ख़ुशगवार रिश्तों की ज़ंजीरें और एक-दूसरे के ग़म में पलकें भिगोने की रस्म वहाँ अभी तक बाकी है। शायद इसीलिए मेरे मुहल्ले में अभी तक मज़हब सियासत के लिए नहीं सिर्फ़ इबादत के लिए इस्तेमाल होता है। ग़ुरबत चोंचलों से पनाह माँगती है। वह किसी भी पत्थर में भगवान ढूँढ़ लेती है, किसी भी अँगोछे को जानमाज़ बना लेती है।

'ग़ज़ल गाँव' की निस्बत से इस क़दीम मुहल्ले में हर मज़हब के लोग आबाद हैं। ज़्यादा आबादी उसी बिरादरी की है, जिसे अशरफुल मख़लूक़ात कहा जाता है। घर के करीब ही औरंगज़ेब की बनवाई एक मस्जिद है जो आलमगीरी मस्जिद के नाम से मशहूर है। मेरे बुज़ुर्ग इसी मस्जिद में इमामत करते थे और एक मदरसे में दीनी और दुनियावी तालीम देते थे। मेरे बड़े अब्बा के बाद से उस मस्जिद में नमाज़ पढ़ाने वाले हज़रात मेरे ख़ानदान के लोग नहीं हैं। मदरसा भी दादा के इन्तक़ाल के बाद तक़रीबन उजड़ गया, क्योंकि पहले तालीम इनसान बनने के लिए हासिल की जाती थी, अब इसका मक़सद अफ़सर बनने के लिए होता है। पहले चारागरी ख़िदमत ख़ल्क़ के लिए सीखी जाती थी, अब

नर्सिंग होम खोलने के लिए। अपनी पेशानियों पर थोड़ा-सा मज़हबी नूर बचाए रखने के लिए हम लोग उस मस्जिद की पार्ट टाइम देखभाल करते हैं। यूँ भी ज़्यादा देखभाल आदमी को शाही इमाम बनाकर रख देती है।

एतबार की चादर ज़ात नहीं देखती, क्योंकि जब अस्सी करोड़ हिन्दुओं की निगरानी में पन्द्रह करोड़ मुसलमान रह सकते हैं तो हमारे लॉन का दरवाज़ा अक़ीदतमंद हिन्दुओं की पूजा की थाली के लिए क्यों नहीं खुल सकता। अजनबियत सारे रिश्तों को क़त्ल कर रही है और हम खड़े देख रहे हैं। काश हम कोलम्बस होते तो उसी पुराने हिन्दुस्तान को तलाश कर लेते जहाँ मस्जिदें चिराग से और मंदिर पूजा के फूलों से उनका पता-ठिकाना नहीं पूछते थे।

पूरे हिन्दुस्तान में मुझसे शिद्दत से मुहब्बत करने वालों की तादाद अगर पच्चीस होगी तो यक़ीनन उनमें 20 गैर मुस्लिम होंगे और यह भी सच है कि मेरे बुरे वक़्त में यही मेरे दूध-शरीके भाइयों से ज़्यादा काम आते हैं। भला मैं उनसे नफ़रत कैसे करूँगा? उनका बुरा क्यों चाहूँगा? उनको नुक़सान क्यों पहुँचाऊँगा? आदमी अपने से मुहब्बत करने वाले ऊँट को भी रेगिस्तान में छोड़कर नहीं भागता, लेकिन प्रिंट मीडिया हो या इलेक्ट्रॉनिक मीडिया, सियासी बाजीग़र हों, या मजहबी जादूगर, सबने नफ़रतों की दुकानें खोल रखी हैं :

शायद ये कर्ब तुझको नए ख़द्दोख़ाल दे,
अल्लाह मेरा दर्द तेरे दिल में डाल दे।

राखी के बग़ैर भी मुहल्ले की तमाम लड़कियाँ बहनों जैसी दिखाई देती हैं। बीमारों के खुश्क होंठों के लिए आब-ए-ज़मज़म और दुआओं में लिपटी खजूर भेजी जाती है। नमाज़ पढ़कर दम भरने के लिए बुज़ुर्ग मस्जिदों से निकलकर मरीज़ के घर जाते हैं। एक-दूसरे के लिए यूँ गिड़गिड़ाकर दुआएँ माँगी जाती हैं कि

अल्लाह भी अपनी उस मख़लूक पर फख्र करता होगा, जिसे उसने खुद अशरफ़ का ख़िताब देकर दुनिया में भेजा है। लोग एक-दूसरे के बच्चों को ही नहीं, गाय-भैंसों तक को पहचानते हैं। हर फलदार दरख़्त में बच्चों की हिस्सेदारी रहती है। सावन के झूलों पर लड़कियों की इज़ारादारी रहती है। मुहल्ले की तमाम लड़कियों में दुपट्टा बदल बहनों का रिश्ता होता है, हर बुज़ुर्ग पूरे मुहल्ले का बुज़ुर्ग होता है, तमाम बच्चे हर बुज़ुर्ग की निगरानी में रहते हैं, मेरे बचपन के बेश्तर दिन पतंग उड़ाने और कबूतरबाजी में गुज़रे हैं। मुहल्ले में कोई हिन्दू-मुसलमान नहीं था, हर छत पर आज भी हमारा क़ब्ज़ा रहता था क्योंकि वे छतें या तो हमारी बुआ की होती थीं या मौसी की। कबूतर और पतंगें उस वक़्त तक हमारे क़ब्ज़े में होते थे, जब तक वे हमारे मुहल्ले में रहते थे।

दो-तीन बरस पहले मेरे वालिद का बहुत दिनों तक बीमार रहने के बाद इन्तक़ाल हो गया। यह शादियों का मौसम था। मेरे मुहल्ले में भी कई बारातें आने वाली थीं। दो ग़ैर-मुस्लिम घरों में भी शादी की गहमा-गहमी थी। लड़कियों की शादी थी लेकिन लड़की वालों ने लड़के वालों से फ़ोन करके कह दिया कि बैंड बाजे की रस्म रास्ते में ही पूरी कर लीजिएगा, हमारे दरवाज़े पर यह रस्म न हो सकेगी, क्योंकि हमारे मुहल्ले के एक बुज़ुर्ग अनवर चाचा गुज़र गए हैं। उनका शुमार ख़ानदान के बुज़ुर्गों में होता था। बारात वाले इसे बदशगुनी समझते हुए इस बात पर राज़ी नहीं हो रहे थे तो लड़की वालों ने उन्हें तारीख़ बढ़ाने का मशविरा दिया। उन लोगों ने पूछा कि—"एक मुसलमान आपके परिवार के बुज़ुर्ग कैसे हो सकते हैं?" लड़की वालों ने कहा कि—"मेरे घर

के तमाम बड़े-बूढ़ों की इब्तिदाई तालीम उन्हीं के घर पर हुई है, हम हिन्दू हैं तो क्या, र से राम कहना तो उन्हीं ने हम लोगों को सिखाया था,'' दो-तीन दिन बाद बारात जब मुहल्ले में दाख़िल हुई तो बारात में शामिल बुज़ुर्ग हमारे घर पे पुरसा देने आए। लड़के ने मेरी वालिदा की दुआएँ लीं, तब जाकर वह लग्न मंडप में बैठा। यूँ भी दहेज में सबसे कीमती सामान बुज़ुर्गों का आशीर्वाद होता है।

मेरे घर के लॉन से मुहल्ले की बहुत-सी औरतें सुबह-सवेरे कुछ फूल-पत्तियाँ डलिया में रखकर मन्दिर ले जाती हैं। मेरी बीवी भी नमाज़ के लिए बहुत सवेरे उठ जाती है। एक दिन मुहल्ले की कई लड़कियों ने आकर मेरी बीवी से शिकायत भरे लहजे में कहा कि भाभी आपके लॉन का दरवाज़ा देर से खुलने से हम लोगों को मन्दिर जाने में देर हो जाती है। उस दिन से मेरी बीवी मुँह-अँधेरे नमाज़ के वक़्त उठते ही पिछले दरवाज़े को ज़ंजीर की कैद से आज़ाद कर देती हैं और मुहल्ले की औरतें अपने वक़्त के हिसाब से फूल तोड़कर मंदिर पहुँच जाती हैं। मेरे लॉन का पिछला दरवाज़ा मुँह-अँधेरे ही खोल दिया जाता है। मुमकिन है, यह बात आस-पास के मुसलमानों के इल्म में न हो, लेकिन मुहब्बतों के रिश्ते जात-पाँत और मज़हब नहीं देखते। मेरे दादा के पढ़ाए हुए हज़ारहा लोग इस शहर में आबाद थे। उनमें से बेश्तर तो मर-खप गए, दो-चार लोग खँडहर बदन की सूरत में रह गए हैं—शायद पिछले वक़्तों के क़िस्से-कहानियाँ सुनाने के लिए, वह भी फूलती हुई साँसों, डूबती हुई नब्ज़ों और बुझती हुई आँखों की बैसाखी के सहारे। लेकिन उनकी औलादें ज़िन्दा हैं। उनकी तस्वीरों पर रोज़ नए फूल चढ़ाने के लिए उनकी कब्रों पर चिराग़ जलाने के लिए अपनी नम आँखों से उन्हें नमस्कार करने के लिए, उनके अधूरे कामों को मुकम्मल करने के लिए।

उनकी पेशानियाँ अपने पुरखों के संस्कारों से आज तक

रौशन हैं। घर में मिट्टी की दीवारें हों तो शख़्सियत भी रेशम जैसी हो जाती है। आँगन भी हो तो दिल दरिया की तरह हो जाते हैं, आँगन में कोई फलदार दरख़्त हो तो चिड़ियों के लहजे की मिठास भी घरवालों में मौजूद रहती है। घर में मिट्टी का दिया जलता हो तो काजल आँखों को झील जैसा बनाए रखता है। कुआँ हो तो पानी की सरगोशी भी सुनाई देती है, जैसे रोज़े में फ़ाकाकशों से मुहब्बत बढ़ जाती है। बुज़ुर्गों की शराफ़तों, करामात, क़लन्दरी और दरियादिली के सबब हम लोगों को अभी तक इज़्ज़त व एहतेराम की निगाह से देखा जाता है।

यूँ भी रायबरेली की तारीख़ के किसी भी वरक़ में नफ़रत और फिरक़ापरस्ती की स्याही का वजूद नहीं है। त्योहार गंगा-जमनी तहज़ीब की मिसाल बन जाते हैं। सिवइयों का ज़ाफरानी रंग होली के रंग जैसा हो जाता है। दीवाली का हर पटाख़ा निकाह के वक़्त दागे गए गोलों जैसा लगता है।

क्रिकेट मैच होते ही हर घर में कई टीमें बन जाती हैं। मैं और मेरी बीवी हिन्दुस्तानी टीम के दीवाने, मेरी छोटी बेटी और बेटा पाकिस्तानी टीम के तरफ़दार। मैच शुरू होते ही लड़ाइयाँ शुरू हो जाती हैं। सचिन के आउट होते ही मेरा बेटा हँसते हुए आवाज़ लगाता है—"मम्मी का बेटा आउट हो गया। मम्मी को आँसू पोंछने के लिए रूमाल प्रोवाइड किया जाए!" उसकी मम्मी सुन लेती हैं और उसे मारने दौड़ती हैं। झगड़ा इतना बढ़ता है कि टी.वी. बंद कर दिया जाता है। साहबज़ादे का हुक्का-पानी भी बंद हो जाता है। अब भाई-बहनों में लड़ाई शुरू होती है। एक-दूसरे पर इल्ज़ाम लगाए जाते हैं (यह हुनर भी उन लोगों ने संसद भवन

की सब्जी मंडी से सीखा है)। साहबज़ादे कहीं से दो-चार पटाखे दरवाज़े पर छोड़ देते हैं और कहते हैं कि जब आप लोगों ने मुझे घर से निकाल ही दिया है, मेरा खाना-पानी बंद ही कर दिया है तो जो जी चाहेगा, करूँगा। उनकी सज़ा और बढ़ा दी जाती है। यानी अब उनकी पिटाई भी ज़रूरी है। उनकी आख़िरी सज़ा के तौर पर मुझे इस्तेमाल किया जाता है। मैं बुज़ुर्गों की धौंस को बरक़रार रखने के लिए दोनों पार्टियों को डाँटता हुआ घर से बाहर निकल आता हूँ।

मुँह का मज़ा बदलने के लिए शहर के सबसे बड़े चौराहे पर पान खाने निकल जाता हूँ। पान की दुकान पर कई लोग पहले से मौजूद थे। वहाँ और लोग भी पान खाते हुए मिल जाते हैं। वह दबी ज़बान में गुफ़्तगू कर रहे होते हैं कि पाकिस्तान की जीत पर मुसलमान पटाखे क्यों छोड़ते हैं। मैं उन्हें कैसे समझाऊँ कि यह छोटे-छोटे बहन-भाइयों के वह झगड़े हैं, जिनकी बुनियादों में माँ के दूध की मुहब्बतें भी शामिल हैं। यह वह पटाखे हैं, जिनसे बारूद की नहीं, माँ के दूध की ख़ुशबू आती है। अब मैं उन्हें कैसे समझाऊँ कि इस बेएतबार ज़माने में मेरे घर का पिछला दरवाज़ा मन्दिर में चढ़ाए जाने वाले फूलों के लिए खोल दिया जाता है। मैं उन्हें कैसे समझाऊँ कि पाकिस्तान में कई दिन लगातार रहने के बाद मुझे हिन्दुस्तान इतना याद आने लगा है कि इंडियन एम्बेसी की इमारत मुझे मस्ज़िद मालूम होने लगती है। मैं उन्हें कैसे समझाऊँ कि :

गले मिलने को आपस में दुआएँ रोज़ आती हैं
अभी मस्ज़िद के दरवाज़े पे माँएँ रोज़ आती हैं।

बाबा

लता मंगेशकर साहिबा की फ़रमाइश पर उनके पिताश्री
की याद में कही गयी एक नज़्म

रंग की तरह मेरे हाथ से तुम छूट गये
मैं अभी रूठने वाली थी कि तुम रूठ गये
आज मैं बाबा से थोड़ी-सी शिकायत कर लूँ
उनसे लिपटूँ उन्हें चूमूँ उन्हें जन्नत कर लूँ
उनको भगवान बनाकर मैं इबादत कर लूँ
मैं सताऊँ उन्हें पाक़ीज़ा शरारत कर लूँ

रंग की तरह मेरे हाथ से तुम छूट गये।
मैं अभी रूठने वाली थी कि तुम रूठ गये ॥

जितनी करनी थी शिकायत भी नहीं कर पायी
सामने तेरे शरारत भी नहीं कर पायी
तेरी पूजा तेरी ख़िदमत भी नहीं कर पायी
तुझसे जी भर के मोहब्बत भी नहीं कर पायी

उससे पहले ही गुब्बारे मेरे सब फूट गये
मैं अभी रूठने वाली थी कि तुम रूठ गये ॥

तुमको तो ग़ौर से देखा भी नहीं था मैंने
इतनी छोटी थी कि सोचा भी नहीं था मैंने
तेरी पेशानी को चूमा भी नहीं था मैंने
बैठकर गोद में खेला भी नहीं था मैंने

मेरी क़िस्मत के सितारे ही मुझे लूट गये
मैं अभी रूठने वाली थी कि तुम रूठ गये ॥

मिल गये हो तो चलो इतनी शिकायत कर लूँ
इतनी कम उम्री में ऐसे नहीं रूठा करते
मुझमें जो रंग समाये हैं तेरी चाहत के
ये छुड़ाने से कभी भी नहीं छूटा करते

कच्चे होंगे जो तेरे हाथ के रंग छूट गये
मैं अभी रूठने वाली थी कि तुम रूठ गये ॥

अपनी क़िस्मत से शिकायत तो बहुत है लेकिन
ज़िन्दगी के किसी गोशे में अभी तक तुम हो
तुमको दुनिया से गये एक ज़माना गुज़रा
फिर भी लगता है कि कमरे में अभी तक तुम हो

सारी दुनिया यही कहती है कि तुम टूट गये।
मैं अभी रूठने वाली थी कि तुम रूठ गये ॥

यूँ तो दुनिया ने हमें ख़ूब नवाज़ा लेकिन
बिन तुम्हारे हमें दुनिया कभी अच्छी न लगी
तुम नहीं थे तो हमें कोई भी अच्छा न लगा
तुम नहीं थे तो मिठाई कभी मीठी न लगी

जितने ख़्वाहिश के ज़माने थे वह सब छूट गये।
मैं अभी रूठने वाली थी कि तुम रूठ गये॥

बाप खो जाये तो दौलत नहीं अच्छी लगती
माँ न रह जाये तो फिर छत नहीं अच्छी लगती
और कम उम्री में दोनों ही अगर खो जायें
ऐसे बच्चों को तो जन्नत नहीं अच्छी लगती

मेरे हाथों से कबूतर मेरे सब छूट गये।
मैं अभी रूठने वाली थी कि तुम रूठ गये॥

तुमको क़िस्मत से शिकायत भी रही होगी बहुत
दिल में हम लोगों की चाहत भी रही होगी बहुत
जानती हूँ कि मोहब्बत भी रही होगी बहुत
वक़्ते-रुख़सत तुम्हें उजलत भी रही होगी बहुत

रंग की तरह इसी वास्ते हम छूट गये।
मैं अभी रूठने वाली थी कि तुम रूठ गये॥

रास्ता ऐसा निकालो कोई मेरे बाबा
उम्र घट जाये मेरी और मैं बच्ची हो जाऊँ
ख़्वाब में आके ही सीने से लगा लो मुझको
ताकि एक बार मैं फिर से तेरी बेटी ही जाऊँ

अब तो छाले भी मेरे पाँव के सब फूट गये।
मैं अभी रूठने वाली थी कि तुम रूठ गये॥

इतनी जल्दी कोई दिल से नहीं जाता है
उठ के ऐसे कोई साहिल से नहीं जाता है
जितनी ख़ामोशी से तुम छोड़ गये हो मुझको
इस तरह तो कोई महफ़िल से नहीं जाता है

ग़म के पत्थर तेरे जाते ही हमें कूट गये।
मैं अभी रूठने वाली थी कि तुम रूठ गये ॥

तुमको भी ऐसे बिछड़ जाने पे दुख तो होगा
भुले-भटके सही हम याद तो आते होंगे
वह बुरे दिन जो मेरे साथ गुज़ारे तुमने
उस ज़माने के कई ग़म याद तो आते होंगे

रंग कुछ बाक़ी हैं कि बारिश में सभी छूट गये।
मैं अभी रूठने वाली थी कि तुम रूठ गये॥

माँ

मैं इसके नाज़ उठाता हूँ सो यह ऐसा नहीं करती
यह मिट्टी मेरे हाथों को मैला नहीं करती

छू सकती नहीं मौत भी आसानी से इसको
यह बच्चा अभी माँ की दुआ ओढ़े हुए है

मनाने के लिए माँ बीच रस्ते में चली आई
यह ज़िल्लत भी मेरे बेटों के हिस्से में चली आई

वज़ारत भी हमारे वास्ते कम मर्तबा होगी
हम अपनी माँ के हाथों में निवाला छोड़ आये हैं

माँ ख़्वाब में आकर यह बता जाती है हर रोज़
बोसीदा सी ओढ़ी हुई इस शाल में हम हैं

इक ख़्वाब की सूरत ही सही याद है अब तक
माँ कहती थी ले ओढ़ ले इस शाल में हम हैं

कैसी आँखें हैं उगल देती हैं सारे आँसू
कैसा दरिया है कि दो बूँद में भर जाता है

माँ बाप मुफ़लिसों की तरह देखते हैं बस
क़द बेटियों के बढ़ते हैं महँगाई की तरह

इतनी भर पूर ज़मानत कोई कम देती है
चैन से सोता हूँ माँ पढ़ती है दम देती है

हम कि माँ कहते हैं जिसको इन्हीं हाथों से उसे
बेच देते हैं अगर दूध वो कम देती है

माँ के पैरों तले जन्नत है तो फिर मेरे ख़ुदा
मुझको सजदे की भी जन्नत में इजाज़त होती

कौन समझाये ये तन्क़ीद के शहज़ादों को
माँ पे हम शेर न कहते तो ये शोहरत होती

मैं चाहता हूँ कि फिर से वह दिन पलट आयें
कि माँ के चुल्लू को मेरा गिलास होना पड़े

यहाँ से जाने वाला लौट कर कोई नहीं आया
मैं रोता रह गया लेकिन न वापस, जा के माँ आई

छप्पन बरस से ढूँढ़ रहा हूँ नहीं मिली
ऐसी कोई भी छाँव कि ममता कहें जिसे

हँस के मिलता है मगर काफ़ी थकी लगती हैं
उसकी आँखें कई सदियों की जगी लगती हैं

बिन बुलाये यह तेरे पास भी आ सकती है
नींद बच्ची है किसी गोद में जा सकती है

यूँ तो अब उसको सुझाई नहीं देता लेकिन
माँ अभी तक मेरे चेहरे को पढ़ा करती है

माँ की सब आदतें बेटी में चली आई हैं
मैं तो सो जाता हूँ लेकिन वो जगा करती है

माँ लाशऊरी तौर पे शेरों में आ गई
जन्नत में एक पेड़ ग़ज़ल का भी लग गया

गौरय्या ले के जाये कहाँ अपना घोंसला
इस पेड़ पर तो शहद का छत्ता भी लगा गया

बचपन में इतनी बात पे भी रो चुके हैं हम
चिड़िया कहाँ से आयेगी शीशा भी लग गया

माँ बाप खुश हैं काम पे बच्चे को भेज कर
दुनिया के कारोबार में सजदा भी लग गया

एक इक कतरा मेरे दूध का वापस करना
जंग पर जाते हुए माँ यह क़सम देती है

वह कबूतर क्या उड़ा छप्पर अकेला हो गया
माँ के आँखें मूँदते ही घर अकेला हो गया

चलती फिरती हुई आँखों से अज़ाँ देखी है
मैंने जन्नत तो नहीं देखी है माँ देखी है

मैं चाहता हूँ कि फिर से वो दिन पलट आएँ
कि माँ के चुल्लू को मेरा गिलास होना पड़े

मैंने उसको बचाने में कई मार दिये
आपने पूछा था सुन लीजिए बेटा हूँ मैं

खुदा ने ये सिफ़त दुनिया की हर औरत को बख़्शी है
के वह पागल भी हो जाय तो बेटे याद रहते हैं

निगल लेती हैं लड़कों को बड़े शहरों की रंगीनी
न जाने किस तमन्ना में ये बुढ़िया घर बनाती है

हँसते हुए माँ-बाप की गाली नहीं खाते
बच्चे हैं तो क्यों शौक़ से मिट्टी नहीं खाते

हो चाहे जिस इलाक़े की ज़बां बच्चे समझते हैं
सगी है या कि सौतेली है माँ बच्चे समझते हैं

हवा दुखों की जब आई कभी ख़िज़ां की तरह
मुझे छुपा लिया मिट्टी ने मेरी माँ की तरह

सिसकियाँ उसकी न देखी गईं मुझसे 'राना'
रो पड़ा मैं भी उसे पहली कमाई देते

सर फिरे लोग हमें दुश्मन-ए-जां कहते हैं
हम जो इस मुल्क की मिट्टी को भी माँ कहते हैं

मुझे बस इसलिए अच्छी बहार लगती है
कि ये भी माँ की तरह ख़ुशगवार लगती है

मैंने रोते हुए पोंछे थे किसी दिन आँसू
मुद्दतों माँ ने नहीं धोया दुपट्टा अपना

भेजे गए फ़रिश्ते हमारे बचाव को
जब हादसात माँ की दुआ से उलझ पड़े

लबों पे उसके कभी बददुआ नहीं होती
बस एक माँ है जो मुझसे ख़फ़ा नहीं होती

तार पर बैठी हुई चिड़ियों को सोता देखकर
फ़र्श पर सोता हुआ बेटा बहुत अच्छा लगा

इस चेहरे में पोशीदा है इक क़ौम का चेहरा
चेहरे का उतर जाना मुनासिब नहीं होगा

अब भी चलती है जब आँधी कभी ग़म की 'राना'
माँ की ममता मुझे बाँहों में छुपा लेती है

मुसीबत के दिनों में माँ हमेशा साथ रहती है
पयम्बर क्या परेशानी में उम्मत छोड़ सकता है

पुराना पेड़ बुज़ुर्गों की तरह होता है
यही बहुत है कि ताज़ा हवाएँ देता है

किसी के पास आते हैं तो दरिया सूख जाते हैं
किसी की एड़ियों से रेत में चश्मा निकलता है

जब तक रहा हूँ धूप में चादर बना रहा
मैं अपनी माँ का आख़िरी ज़ेवर बना रहा

देख ले ज़ालिम शिकारी, माँ की ममता देख ले
देख ले चिड़िया तेरे दाने तलक तो आ गई

मुझे भी उसकी जुदाई सताती रहती है
उसे भी ख़्वाब में बेटा दिखाई देता है

मुफ़लिसी घर में ठहरने नहीं देती उसको
और परदेस में बेटा नहीं रहने देता

अगर स्कूल में बच्चे हों घर अच्छा नहीं लगता
परिन्दों के न होने से शजर अच्छा नहीं लगता

गले मिलने को आपस में दुआएँ रोज़ आती हैं
अभी मस्जिद के दरवाज़े पे माँएँ रोज़ आती हैं

कभी-कभी मुझे यूँ भी अज़ां बुलाती है
शरीर बच्चे को जिस तरह माँ बुलाती है

किसी को घर मिला हिस्से में या कोई दुकां आई
मैं घर में सबसे छोटा था मेरे हिस्से में माँ आई

ऐ अँधेरे देख ले मुँह तेरा काला हो गया
माँ ने आँखें खोल दीं घर में उजाला हो गया

इस तरह मेरे गुनाहों को वो धो देती है
माँ बहुत ग़ुस्से में होती है तो रो देती है

मेरी ख़्वाहिश है कि मैं फिर से फ़रिश्ता हो जाऊँ
माँ से इस तरह लिपट जाऊँ कि बच्चा हो जाऊँ

मेरा ख़ुलूस तो पूरब के गाँव जैसा है
सुलूक दुनिया का सौतेली माँओं जैसा है

रौशनी देती हुई सब लालटेनें बुझ गईं
ख़त नहीं आया जो बेटों का तो माँएँ बुझ गईं

वो मैला सा बोसीदा सा आँचल नहीं देखा
बरसों हुए हमने कोई पीपल नहीं देखा

कई बातें मुहब्बत सबको बुनियादी बताती है
जो परदादी बताती थी वही दादी बताती है

हादसों की गर्द से खुद को बचाने के लिए
माँ हम अपने साथ बस तेरी दुआ ले जाएँगे

हवा उड़ाए लिए जा रही है हर चादर
पुराने लोग सभी इन्तेकाल करने लगे

ए ख़ुदा फूल से बच्चों की हिफ़ाज़त करना
मुफ़लिसी चाह रही है मेरे घर में रहना

हमें हरीफ़ों की तादाद क्यों बताते हो
हमारे साथ भी बेटा जवान रहता है

ख़ुद को इस भीड़ में तनहा नहीं होने देंगे
माँ तुझे हम अभी बूढ़ा नहीं होने देंगे

पेड़ उम्मीदों का ये सोच के काटा न कभी
फल नहीं आएँगे इसमें तो हवा ही देगा

सुख देती हुई माँओं को गिनती नहीं आती
पीपल की घनी छाँओं को गिनती नहीं आती

लिपट के रोती नहीं है कभी शहीदों से
ये हौसला भी हमारे वतन की माँओं में है

ये सोच के माँ-बाप की ख़िदमत में लगा हूँ
इस पेड़ का साया मेरे बच्चों को मिलेगा

ये ऐसा क़र्ज़ है जो मैं अदा कर ही नहीं सकता
मैं जब तक घर न लौटूँ मेरी माँ सजदे में रहती है

जहाँ पिछले कई बरसों से काले नाग रहते हैं
वहाँ इक घोंसला चिड़ियों का था दादी बताती है

यारों को मसर्रत मेरी दौलत पे है लेकिन
इक माँ है जो बस मेरी ख़ुशी देख के ख़ुश है

समझो कि सिर्फ़ जिस्म है और जाँ नहीं रही
वो शख़्स जो कि ज़िन्दा है और माँ नहीं रही

परदेस जा रहे हो तो ताबीज़ बाँध लो
कहती हैं माँएँ बच्चों से अपने पुकार के

निकलने ही नहीं देती हैं अश्कों को मेरी आँखें
कि ये बच्चे हमेशा माँ की निगरानी में रहते हैं

तेरे आगे माँ भी मौसी जैसी लगती है
तेरी गोद में गंगा मइया अच्छा लगता है

तेरे दामन में सितारे हैं तो होंगे ऐ फ़लक़
मुझको अपनी माँ की मैली ओढ़नी अच्छी लगी

लिपट जाता हूँ माँ से और मौसी मुस्कुराती है
मैं उर्दू में ग़ज़ल कहता हूँ हिन्दी मुस्कुराती है

जो भी दौलत थी वह बच्चों के हवाले कर दी
जब तलक मैं नहीं बैठूँ ये खड़े रहते हैं

जब देखा मेरे किरदार पे धब्बा कोई
देर तक बैठ के तन्हाई में रोया कोई

ख़ुदा करे कि उमीदों के हाथ पीले हों
अभी तलक तो गुज़ारी है इद्दतों की तरह

घर की दहलीज़ पे रौशन हैं वो बुझती आँखें
मुझको मत रोक मुझे लौट के घर जाना है

यहीं रहूँगा कहीं उम्र भर न जाऊँगा
ज़मीन माँ है इसे छोड़कर न जाऊँगा

स्टेशन से वापस आकर बूढ़ी आँखें सोचती हैं
पत्ते देहाती रहते हैं फल शहरी हो जाते हैं

अब देखिए कौन आए जनाज़े को उठाने
यूँ तार तो मेरे सभी बेटों को मिलेगा

अब अँधेरा मुस्तक़िल रहता है इस दहलीज़ पर
जो हमारी मुन्तज़िर रहती थीं, आँखें बुझ गईं

अगर किसी की दुआ में असर नहीं होता
तो मेरे पास से क्यों तीर आके लौट गया

अभी ज़िन्दा है माँ मेरी, मुझे कुछ भी नहीं होगा
मैं घर से जब निकलता हूँ दुआ भी साथ चलती है

जब भी कश्ती मेरी सैलाब में आ जाती है
माँ दुआ करती हुई ख़्वाब में आ जाती है

कहीं बे नूर न हो जाएँ वह बूढ़ी आँखें
घर में डरते थे ख़बर भी मेरे भाई देते

क्या जाने कहाँ होते मेरे फूल से बच्चे
बिरसे में अगर माँ की दुआ भी नहीं मिलती

कुछ नहीं होगा तो आँचल में छुपा लेगी मुझे
माँ कभी सर पे खुली छत नहीं रहने देगी

क़दमों में लाके डाल दीं सब नेमतें मगर
सौतेली माँ को बच्चे से नफ़रत वही रही

धँसती हुई क़ब्रों की तरफ़ देख लिया था
माँ-बाप के चेहरों की तरफ़ देख लिया था

कोई दुख हो कभी कहना नहीं पड़ता उससे
वो ज़रूरत को तलबगार से पहचानता है

किसी को देखकर रोते हुए हँसना नहीं अच्छा
ये वो आँसू हैं जिनसे तख़्त-ए-सुल्तानी पलटता है

दिन भर की मशक़्क़त से बदन चूर है लेकिन
माँ ने मुझे देखा तो थकन भूल गई है

दुआएँ माँ की पहुँचाने को मीलों मील जाती हैं
कि जब परदेस जाने के लिए बेटा निकलता है

दिया है माँ ने मुझे दूध भी वज़ू करके
महाज़े जंग से मैं लौट कर न जाऊँगा

खिलौनों की तरफ़ बच्चे को माँ जाने नहीं देती
मगर आगे खिलौनों की दुकां जाने नहीं देती

दिखाते हैं पड़ोसी मुल्क आँखें तो दिखाने दो
कहीं बच्चों के बोसे से भी माँ का गाल कटता है

बहन का प्यार माँ की ममता दो चीखती आँखें
यही तोहफ़े थे वो जिनको मैं अक्सर याद करता था

बरबाद कर दिया हमें परदेस ने मगर
माँ सबसे कह रही है कि बेटा मज़े में है

बड़ी बेचारगी से लौटती बारात तकते हैं
बहादुर हो के भी मज़बूर होते हैं दुल्हन वाले

मेरा बचपन था मेरा घर था खिलौने थे मेरे
सर पे माँ-बाप का साया भी ग़ज़ल जैसा था

मुकद्दस मुस्कराहट माँ के होंठों पर लरजती है
किसी बच्चे का जब पहला सिपारा ख़त्म होता है

खाने की चीज़ें माँ ने जो भेजी हैं गाँव से
बासी भी हो गई हैं तो लज़्ज़त वही रही

मैं वो मेले में भटकता हुआ इक बच्चा हूँ
जिसके माँ-बाप को रोते हुए मर जाना है

मिलता-जुलता है सभी माँओं से माँ का चेहरा
गुरुद्वारे की भी दीवार न गिरने पाए

मुन्तज़िर होंगी वो पाकीजा सी आँखें घर में
घर की दहलीज़ पे नशे में कभी मत जाना

मैंने कल शब चाहतों की सब किताबें फाड़ दीं
सिर्फ़ इक काग़ज़ पे लिक्खा लफ़्ज़-ए-माँ रहने दिया

घेर लेने को मुझे जब भी बलाएँ आ गईं
ढाल बनकर सामने माँ की दुआएँ आ गईं

मैदान छोड़ देने से मैं बच तो जाऊँगा
लेकिन जो ये ख़बर मेरी माँ तक पहुँच गई

'मुनव्वर' माँ के आगे यूँ कभी खुलकर नहीं रोना
जहाँ बुनियाद हो इतनी नमी अच्छी नहीं होती

मिट्टी लिपट लिपट गई पैरों से इसलिए
तैयार होके भी कभी हिजरत न कर सके

मुफ़लिसी बच्चे को रोने नहीं देना वरना
एक आँसू भरे बाज़ार को खा जाएगा

मुझे ख़बर नहीं जन्नत बड़ी कि माँ लेकिन
बुज़ुर्ग कहते हैं जन्नत बशर के नीचे है

मुझे कढ़े हुए तकिए की क्या ज़रूरत है
किसी का हाथ अभी मेरे सर के नीचे है

बुजुर्गों का मेरे दिल से अभी तक डर नहीं जाता
कि जब तक जागती रहती है माँ मैं घर नहीं जाता

मोहब्बत करते जाओ बस यही सच्ची इबादत है
मोहब्बत माँ को भी मक्का-मदीना मान लेती है

माँ ये कहती थी कि मोती हैं हमारे आँसू
इसलिए अश्कों का पीना भी बुरा लगता है

परदेस जाने वाले कभी लौट आएँगे
लेकिन इस इन्तज़ार में आँखें चली गईं

शहर के रस्ते हों चाहे गाँव की पगडंडियाँ
माँ की उँगली थामकर चलना बहुत अच्छा लगा

मैं कोई एहसान मानूँ भी तो आख़िर किसलिए
शहर ने दौलत अगर दी है तो बेटा ले लिया

अब भी रौशन हैं तेरी याद से घर के कमरे
रौशनी देता है अब तक तेरा साया मुझको

मेरे चेहरे पे ममता की फ़रावानी चमकती है
मैं बूढ़ा हो रहा हूँ फिर भी पेशानी चमकती है

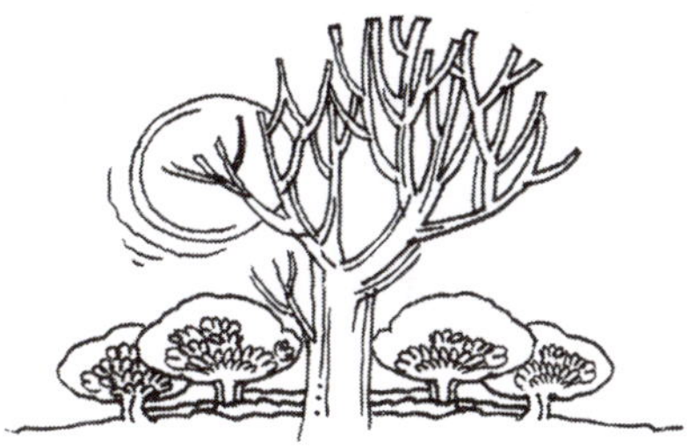

वो जा रहा है घर से जनाज़ा बुज़ुर्ग का
आँगन में इक दरख़्त पुराना नहीं रहा

वो तो लिखा के लाई है क़िस्मत में जागना
माँ कैसे सो सकेगी कि बेटा सफ़र में है

शाहज़ादे को ये मालूम नहीं है शायद
माँ नहीं जानती दस्तार का बोसा लेना

आँखों से माँगने लगे पानी वज़ू का हम
काग़ज़ पे जब भी देख लिया माँ लिखा हुआ

अभी तो मेरी ज़रूरत है मेरे बच्चों को
बड़े हुए तो ये ख़ुद इन्तज़ाम कर लेंगे

मैं हूँ मेरा बच्चा है खिलौनों की दुकां है
अब कोई मेरे पास बहाना भी नहीं है

ऐ ख़ुदा तू फ़ीस के पैसे अता कर दे मुझे
मेरे बच्चों को भी यूनिवर्सिटी अच्छी लगी

भीख से तो भूख अच्छी गाँव को वापस चलो
शहर में रहने से ये बच्चा बुरा हो जाएगा

खिलौनों के लिए बच्चे अभी तक जागते होंगे
तुझे ऐ मुफ़लिसी कोई बहाना ढूँढ़ लेना है

ममता की आबरू को बचाया है नींद ने
बच्चा ज़मीं पे सो भी गया खेलते हुए

मेरे बच्चे नामुरादी में जवां भी हो गए
मेरी ख़्वाहिश सिर्फ़ बाज़ारों को तकती रह गई

बच्चों की फ़ीस, उनकी किताबें, क़लम, दवात
मेरी ग़रीब आँखों में स्कूल चुभ गया

वह समझते ही नहीं हैं मेरी मजबूरी को
इसलिए बच्चों पे ग़ुस्सा भी नहीं आता है

किसी भी रंग को पहचानना मुश्किल नहीं होता
मेरे बच्चों की सूरत देख इसको ज़र्द कहते हैं

धूप से मिल गए हैं पेड़ हमारे घर के
मैं समझती थी कि काम आएगा बेटा अपना

फिर उसको मरके भी खुद से जुदा होने नहीं देती
यह मिट्टी जब किसी को अपना बेटा मान लेती है

तमाम उम्र सलामत रहें दुआ है यही
हमारे सर पे हैं जो हाथ बरकतों वाले

हमारी मुफ़लिसी हमको इजाज़त तो नहीं देती
मगर हम तेरी ख़ातिर कोई शहज़ादा भी देखेंगे

माँ-बाप की बूढ़ी आँखों में एक फ़िक्र सी छाई रहती है
जिस कम्बल में सब सोते थे अब वो भी छोटा पड़ता है

दोस्ती-दुश्मनी दोनों शामिल रहीं दोस्तों की नवाज़िश थी कुछ इस तरह
काट ले शोख़ बच्चा कोई जिस तरह माँ के रुख़सार पर प्यार करते हुए

माँ की ममता घने बादलों की तरह सर पे साया किए साथ चलती रही
एक बच्चा किताबें लिए हाथ में ख़ामुशी से सड़क पार करते हुए

दुख बुज़ुर्गों ने काफ़ी उठाए मगर मेरा बचपन बहुत ही सुहाना रहा
उम्र भर धूप में पेड़ जलते रहे अपनी शाख़ें समरदार करते हुए

चलो माना कि शहनाई मसर्रत की निशानी है
मगर वो शख़्स जिसकी आके बेटी बैठ जाती है

अभी मौजूद है इस गाँव की मिट्टी में खुद्दारी
अभी बेवा की ग़ैरत से महाजन हार जाता है

मालूम नहीं कैसी ज़रूरत निकल आई
सर खोले हुए घर से शराफ़त निकल आई

इसमें बच्चों की जली लाशों की तस्वीरें हैं
देखना हाथ से अख़बार न गिरने पाए

ओढ़े हुए बदन पे गरीबी चले गए
बहनों को रोता छोड़ के भाई चले गए

किसी बूढ़े की लाठी छिन गई है
वो देखो एक जनाज़ा जा रहा है

आँगन की तकसीम का क़िस्सा
मैं जानूँ या बाबा जाने

हमारी चीख़ती आँखों ने जलते शहर देखे हैं
बुरे लगते हैं अब क़िस्से हमें भाई-बहन वाले

इसलिए मैंने बुज़ुर्गों की ज़मीनें छोड़ दीं
मेरा घर जिस दिन बसेगा तेरा घर गिर जाएगा

बचपन में किसी बात पे हम रूठ गए थे
उस दिन से इसी शहर में हैं घर नहीं जाते

बिछड़ के तुझसे तेरी याद भी नहीं आई
हमारे काम ये औलाद भी नहीं आई

मुझको हर हाल में बख़्शेगा उजाला अपना
चाँद रिश्ते में नहीं लगता है मामा अपना

मैं नर्म मिट्टी हूँ तुम रौंद कर गुज़र जाओ
कि मेरे नाज़ तो बस कूज़ागर उठाता है

मसायल ने हमें बूढ़ा किया है वक़्त से पहले
घरेलू उलझनें अक्सर जवानी छीन लेती हैं

उछलते खेलते बचपन में बेटा ढूँढ़ती होगी
तभी तो देखकर पोते को दादी मुस्कुराती है

कुछ खिलौने कभी आँगन में दिखाई देते
काश हम भी किसी बच्चे को मिठाई देते

दौलत से मुहब्बत तो नहीं थी मुझे लेकिन
बच्चों ने खिलौनों की तरफ़ देख लिया था

जिस्म पर मेरे बहुत शफ्फाफ़ कपड़े थे मगर
धूल-मिट्टी में अटा बेटा बहुत अच्छा लगा

कम से कम बच्चों के होठों की हँसी की ख़ातिर
ऐसी मिट्टी में मिलाना कि खिलौना हो जाऊँ

क़सम देता है बच्चों की, बहाने से बुलाता है
धुआँ चिमनी का हमको कारख़ाने से बुलाता है

बच्चे भी ग़रीबी को समझने लगे शायद
अब जाग भी जाते हैं तो सहरी नहीं खाते

इन्हें फ़िरक़ापरस्ती मत सिखा देना कि यह बच्चे
ज़मीं से चूमकर तितली के टूटे पर उठाते हैं

सबके कहने से इरादा नहीं बदला जाता
हर सहेली से दुपट्टा नहीं बदला जाता

बिछड़ते वक़्त भी चेहरा नहीं उतरता है
यहाँ सरों से दुपट्टा नहीं उतरता है

कानों में कोई फूल भी हँसकर नहीं पहना
उसने भी बिछड़कर कभी ज़ेवर नहीं पहना

मोहब्बत भी अजब शय है कोई परदेस में रोए
तो फौरन हाथ की इक-आध चूड़ी टूट जाती है

बड़े शहरों में भी रहकर बराबर याद करता था
मैं इक छोटे से स्टेशन का मंजर याद करता था

किसको फुरसत उस महफ़िल में ग़म की कहानी पढ़ने की
सूनी कलाई देख के लेकिन चूड़ी वाला टूट गया

मुझे बुलाता है मक्तल मैं किस तरह जाऊँ
कि मेरी गोद से बच्चा नहीं उतरता है

कहीं कोई कलाई एक चूड़ी को तरसती है
कहीं कंगन के झटके से कलाई टूट जाती है

उस वक़्त भी अक्सर तुझे हम ढूँढ़ने निकले
जिस धूप में मज़दूर भी छत पर नहीं जाते

शर्म आती है मज़दूरी बताते हुए हमको
इतने में तो बच्चों का ग़ुबारा नहीं मिलता

हमने बाज़ार में देखे हैं घरेलू चेहरे
मुफ़लिसी तुझसे बड़े लोग भी दब जाते हैं

भटकती है हवस दिन-रात सोने की दुकानों में
ग़रीबी कान छिदवाती है तिनका डाल देती है

अमीरे-शहर का रिश्ते में कोई कुछ नहीं लगता
ग़रीबी चाँद को भी अपना मामा मान लेती है

तो क्या मजबूरियाँ बेजान चीज़ें भी समझती हैं
गले से जब उतरता है तो ज़ेवर कुछ नहीं कहता

कहीं भी छोड़ के अपनी ज़मीं नहीं जाते
हमें बुलाती है दुनिया हमीं नहीं जाते

ज़मीं बंजर भी हो जाए तो चाहत कम नहीं होती
कहीं कोई वतन से भी मुहब्बत छोड़ सकता है

ज़रूरत रोज़ हिजरत के लिए आवाज़ देती है
मुहब्बत छोड़कर हिन्दोस्तां जाने नहीं देती

पैदा यहीं हुआ हूँ यहीं पर मरूँगा मैं
वह और लोग थे जो कराची चले गए

मैं मरूँगा तो यहीं दफ़्न किया जाऊँगा
मेरी मिट्टी भी कराची नहीं जाने वाली

वतन की राह में देनी पड़ेगी जान अगर
ख़ुदा ने चाहा तो साबित क़दम ही निकलेंगे

वतन से दूर भी या रब वहाँ पे दम निकले
जहाँ से मुल्क की सरहद दिखाई देने लगे

घर से लिपटी हुई दहलीज़ तलक जाती हैं
माँ की आँखें मेरे चेहरे से चिपक जाती हैं

बुलन्दियों का बड़े से बड़ा निशान छुआ
उठाया गोद में माँ ने तब आसमान छुआ

मुझे तो सच्ची यही एक बात लगती है
कि माँ के साए में रहिए तो रात लगती है

कल अपने आपको देखा था माँ की आँखों में
ये आईना हमें बूढ़ा नहीं बताता है

मुख़्तसर होते हुए भी ज़िन्दगी बढ़ जाएगी
माँ की आँखें चूम लीजे रोशनी बढ़ जाएगी

निगल लेती है लड़कों को बड़े शहरों की रंगीनी
न जाने किस तमन्ना में ये बुढ़िया घर बनाती है

माँ आज मुझको छोड़ के गाँव चली गई
मैं आज अपने आईना खाने से कट गया

बाप का रुतबा भी कुछ कम नहीं होता लेकिन
जितनी माँएँ हैं फरिश्तों की तरह होती हैं

न सुपारी नज़र आई न सरौता निकला
माँ के बटुए से दुआ निकली वज़ीफ़ा निकला

माँ बैठ के तकती थी जहाँ से मेरा रास्ता
मिट्टी को हटाते ही ख़ज़ाने निकल आए

कुबूलियत की घड़ी है अगर मेरे मौला
तो माँ के चेहरे से ये सारी झुर्रियाँ उड़ जाएँ

तेरी अज़मत के लिए तुझको कहाँ पहुँचा दिया
ऐ ग़ज़ल मैंने तुझे नज़दीक-ए-माँ पहुँचा दिया

माँ ने यूँ चूम लिया बेटे की पेशानी को
जैसे धोखे से किसी फूल पे शरबत गिर जाए

सुलाकर अपने बच्चों को यही माँएँ समझती हैं
कि उनकी गोद में किलकारियाँ आराम करती हैं

ज़िन्दा मुझे देखेगी तो माँ चीख़ा उठेगी
क्या ज़ख़्म लिए पीठ पे मैदान से जाऊँ

समझो कि सिर्फ जिस्म है और जाँ नहीं रही
वह शख़्स जो कि ज़िन्दा है और माँ नहीं रही

इक ख्वाब की सूरत ही सही याद है अब तक
माँ कहती थी ले ओढ़ ले इस शाल में हम हैं

चमकते हैं जो पलकों पर सितारे याद रहते हैं
मुझे रोते हुए बच्चों के चेहरे याद रहते हैं

पुराने पेड़ का गिरना भी क्या कयामत है
बुज़ुर्ग जैसे किसी घर का इन्तकाल करे

खुशी के फूल आँगन में यूँ ही हँसते रहें मौला
अगर औलाद दी है साहिबे औलाद रखियेगा

अश्क आँखों में छुपाये हुए घर जाता है
रोज़ एक बच्चा मेरे सामने मर जाता है

दवा की तरह खाते जाइये गाली बुज़ुर्गों की
जो अच्छे फल हैं उनका ज़ायका अच्छा नहीं होता

ऐ अमीरी तुझे मालूम नहीं है शायद
भूख ने मिट्टी को मैदे की तरह ओढ़ लिया

माँ आज मुझको छोड़ के गाँव चली गयी
मैं आज अपने आइना खाने से कट गया

पचपन बरस की उम्र तो होने को आ गयी
लेकिन वो चेहरा आँखों से ओझल न हो सका

सुना है जब से तय होते हैं रिश्ते आसमानों में
वह पगली उँगलियों से रोज़ो-शब बादल बनाती है

घर से लिपटी हुई परदेस तलक जाती है
माँ की आँखें मेरे चेहरे से चिपक जाती हैं

जरा सी बात है लेकिन हवा को कौन समझाये
दिये से मेरी माँ मेरे लिए काज़ल बनाती है

मैंने क्यों उसको बचाने में कई मार दिये
आपने पूछा था सुन लीजिए हूँ मैं

किसी का बोझ उठाओ तो जान जाओगे
ज़रा सी मिट्टी है कैसे शजर सँभालें हुए

मनाने के लिए माँ बीच रस्ते में चली आयी
ये ज़िल्लत भी मेरे बेटों के हिस्से में चली आयी

माँ ख़्वाब में आकर ये बता जाती है हर रोज़
बोसीदा सी ओढ़ी हुई इस शाल में हम हैं

दहलीज़ पे रख दी है किसी शख़्स ने आँखें
रोशन कभी इतना तो दिया हो नहीं सकता

माँ बैठ के तकती थी जहाँ से मेरा रस्ता
मिट्टी को हटाते ही खज़ाने निकल आये

माँ की सब आदतें बेटी में चली आयी है
मैं तो सो जाता हूँ लेकिन वह जगा करती है

दे दूसरी मिसाल बता हाँ कहा गया
इस मुल्क में तो गाय को भी माँ कहा गया

छप्पन बरस से ढूँढ़ रहा हूँ नहीं मिली
ऐसी कोई छाँव कि ममता कहें जिसे

मैं चाहता हूँ कि फिर से वो दिन पलट आयें
कि माँ के चुल्लू को मेरा गिलास होना पड़े

माँ लाशऊरी तौर पर शेरों में आ गयी
जन्नत में एक पेड़ ग़ज़ल का भी लग गया

लगती नहीं है मुझको मुसीबत की तेज़ धूप
छतरी है इक दुआओं की सर पर लगी हुई

हम कि माँ कहते हैं जिसको इन्हीं हाथों से उसे
बेच देते हैं अगर दूध वो कम देती है

एक-एक कतरा मेरे दूध का वापस करना
जंग पर जाते समय माँ ये कसम देती है

खुशी के फूल आँगन में यूँ ही हँसते रहें मौला
अगर औलाद दी है साहिबे औलाद रखियेगा

मैं सामने पड़ूँगा तो सब जान जाएगी
वो माँ नहीं जो बच्चों का चेहरा न पढ़ सके

फिर जब उजड़ गया तो सँवारा नहीं हमें
माँ की तरह किसी ने पुकारा नहीं हमें

मामूली एक कलम से कहाँ तक घसीट लाये
हम उस ग़ज़ल को कोठे से माँ तक घसीट लाये

दावारे हश्र तुझे मेरी इबादत की कसम
ये मेरा नामे आमाल इज़ाफी होगा

नेकियाँ गिनने की नौबत ही नहीं आएगी
मैंने जो माँ पे लिखा है वही काफी होगा

कुछ भी हो ताल्लुक़ में दरारें नहीं पड़तीं
हम इसलिए बच्चों की कमाई नहीं खाते

जागता रहता था एक शख़्स हमारी खातिर
अब ये एहसासे निदामत नहीं सोने देता

ज़िन्दगी हाथ छुड़ाती है तो दुख होता है।
जैसे माँ छोड़ के जाती है तो दुख होता है ॥

पहले यह काम बड़े प्यार से माँ करती थी।
अब हवा मुझको जगाती है तो दुख होता है ॥

उम्र बेटे से कभी माँ की न पूछी जाये।
माँ तो जब छोड़ के जाती है तो दुख होता है ॥

मेरी ममता को बुढ़ापे का सहारा चाहिए।
मुझको बेटा चाहिए और वह भी ज़िन्दा चाहिए ॥

इस तरह उससे मोहब्बत में कमी होती है।
माँ का एक दिन नहीं होता है सदी होती है ॥

कोई सरहद नहीं होती यह गलियारा नहीं होता।
अगर माँ बीच में होती तो बँटवारा नहीं होता ॥

आँखों से माँगने लगे पानी वज़ू का हम।
काग़ज़ पे जब भी देख लिया माँ लिखा हुआ ॥

बच्चे को अपने दाना भराती थी फ़ाख़्ता।
माँ के समान पेड़ की टहनी पे बैठ के ॥

माँ को इक बार नहीं आधी सदी देखा है।
अपने आँचल में बुज़ुर्गों की नसीहत बाँधे ॥

माँ के आँसू

ज़िन्दगी भर की कमाई हैं हमारे आँसू
मेरी आँखों में यह आँसू नहीं तस्वीरें हैं।
उजला-उजला-सा सवेरा है मेरी माँ जैसा
दूधिया जैसा उजाला है मेरी माँ जैसा
खिलते फूलों का महकना है मेरी माँ जैसा

अच्छे लगते हैं हमें इसलिए सारे आँसू
ज़िन्दगी भर की कमाई हैं हमारे आँसू

आँसुओं में ही घरौंदा है मेरा गाँव भी है
मेरा बचपन भी, मेरी माँ भी, मेरी छाँव भी है
इस सफ़र में कई काँटे भी मेरा पाँव भी है

मेरे छालों को भी एक रोज़ पुकारे आँसू
ज़िन्दगी भर की कमाई हैं हमारे आँसू

पहले तो फूलों को ज़ेवर में बदलती है माँ
फिर उसी ख़ुशबू के ज़ेवर को पहनती है माँ
सारा दिन शाख़ की सूरत में लचकती है माँ

शाम को घर में उतर आते हैं सारे आँसू
ज़िन्दगी भर की कमाई हैं हमारे आँसू

अपनी मुस्कान मेरे होंटों पे मल देती है
इस तरह से वह मुझे हुस्न-ए-ग़ज़ल देती है
देखती है मुझे फिर काम पे चल देती है

उसके जाते ही निकल आते हैं प्यारे आँसू
ज़िन्दगी भर की कमाई हैं हमारे आँसू

मेरे दर्पन में सदा रहता है माँ का चेहरा
मेरे आँगन में सदा रहता है माँ का चेहरा
मेरे कण-कण में सदा रहता है माँ का चेहरा

ऐसा लगता है कि क़ुदरत ने उभारे आँसू
ज़िन्दगी भर की कमाई हैं हमारे आँसू

बुजुर्ग

ख़ुद से चलकर नहीं ये तर्ज़े सुख़न आया है
पाँव दाबे हैं बुज़ुर्गों के तो फ़न आया है

हमें बुज़ुर्गों की शफ़क़त कभी न मिल पाई
नतीजा यह है कि हम लोफ़रों में रहने लगे

हमीं गिरती हुई दीवार को थामे रहे वरना
सलीके से बुज़ुर्गों की निशानी कौन रखता है

रविश बुज़ुर्गों की शामिल है मेरी घुट्टी में
ज़रूरतन भी 'सखी' की तरफ़ नहीं देखा

सड़क से जब गुज़रते हैं तो बच्चे पेड़ गिनते हैं
बड़े-बूढ़े भी गिनते हैं वह सूखे पेड़ गिनते हैं

हवेलियों की छतें गिर गईं मगर अब तक
मेरे बुज़ुर्गों का नश्शा नहीं उतरता है

बिलख रहे हैं ज़मीनों पे भूख से बच्चे
मेरे बुज़ुर्गों की दौलत खँडहर के नीचे है

मेरे बुज़ुर्गों को इसकी ख़बर नहीं शायद
पनप नहीं सका जो पेड़ बरगदों में रहा

इश्क में राय बुज़ुर्गों से नहीं ली जाती
आग बुझते हुए चूल्हों से नहीं ली जाती

मेरे बुज़ुर्गों का साया था जब तलक मुझ पर
मैं अपनी उम्र से छोटा दिखाई देता था

बड़े-बूढ़े कुएँ में नेकियाँ क्यों फेंक आते हैं
कुएँ में छुप के आख़िर क्यों ये नेकी बैठ जाती है

मुझे इतना सताया है मेरे अपने अज़ीज़ों ने
कि अब जंगल भला लगता है घर अच्छा नहीं लगता

तुम्हारी महफ़िलों में हम बड़ बूढ़े ज़रूरी हैं
अगर हम ही नहीं होंगे तो पगड़ी कौन बाँधेगा

मैं उसके नाज़ उठाता हूँ सो यह ऐसा नहीं करती
यह मिट्टी मेरे हाथों को कभी मैला नहीं करती

यूँ तो अब उसको सुझाई नहीं देता लेकिन
माँ अभी तक मेरे चेहरे को पढ़ा करती है।

माँ की सब आदतें बेटी में चली आयी हैं
मैं तो सो जाता हूँ लेकिन वह जगा करती है

माँ लाशऊरी तौर पे शेरों में आ गयी
जन्नत में एक पेड़, ग़ज़ल का भी लग गया

माँ-बाप ख़ुश हैं काम पे बच्चे को भेजकर
दुनिया के कारोबार में सजदा भी लग गया

माँ ने कभी बचपन में उढ़ाई थी यह हमको
लिपटे हुए बोसीदा उसी शाल में हम हैं

इतनी भरपूर ज़मानत कोई कम देती है
चैन से सोता हूँ माँ पढ़ती है दम देती है।

यूँ तो सभी ने ढूँढ़ा मगर माँ नहीं मिली
एक बार खो गयी तो कभी माँ नहीं मिली।

मुख़्तसर होते हुए भी ज़िन्दगी बढ़ जायेगी
माँ की आँखें चूम लीजे रोशनी बढ़ जायेगी।

छू सकती नहीं मौत भी आसानी से इसको
यह बच्चा अभी माँ की दुआ ओढ़े हुए है

कल अपने आपको देखा था माँ की आँखों में
ये आईना हमें बूढ़ा नहीं बताता है।

मनाने के लिए माँ बीच रस्ते में चली आयी
यह ज़िल्लत भी मेरे बेटों के हिस्से में चली आयी

वज़ारत भी हमारे वास्ते कम मर्तबा होगी
हम अपनी माँ के हाथों में निवाला छोड़ आये हैं।

माँ के पैरों तले जन्नत है तो फिर मेरे ख़ुदा
मुझको सजदे की भी जन्नत में इजाज़त होती।

कौन समझाए यह तनक़ीद के शहज़ादों को
माँ पे हम शे'र ने कहते तो यह शोहरत होती?

एक कबूतर क्या उड़ा छप्पर अकेला हो गया
माँ के आँखें मूँदते ही घर अकेला हो गया

चलती-फिरती हुई आँखों से अज़ाँ देखी है
मैंने जन्नत तो नहीं देखी है माँ देखी है।

फिर जब उजड़ गया तो सँवारा नहीं हमें
माँ की तरह किसी ने पुकारा नहीं हमें।

यह अहसासे-नेदामत मेरे बच्चों में न आ जाये
मुझे घर चाहिए मैं बेघरी से बाज़ आता हूँ।

ऐ शहर! कुछ दिनों के लिए गाँव भेज दे
याद आ रहा है टूटा हुआ अपना घर हमें।

चलो यह माना तसल्ली से कुछ नहीं होता
यह नन्हें हाथ हैं मुझको मगर सँभाले हुए।

सिर्फ़ बच्चों की मुहब्बत ने क़दम रोक लिये।
वरना आसान था मेरे लिए बेघर होना।

सज़ा हमारी भी काटी हमारे बच्चों ने
कि हम उदास हुए घर में जा के लेट गये।

बड़े अजीब हैं बालू पे खेलते बच्चे
यह उँगलियों से सिपाही के सर बनाते हैं।

खिलौनों की दुकानों की तरफ़ से आप क्यों गुज़रे
यह बच्चे की तमन्ना है यह समझौता नहीं करती।

शहीदों की ज़मीं है जिसको हिन्दुस्तान कहते हैं
यह बंजर हो के भी बुज़दिल कभी पैदा नहीं करती।

अजदाद की ख़ुशबू मुझे जाने नहीं देगी
इस पेड़ के नीचे मेरा बिस्तर भी लगा दो।

अब सिर्फ़ जहाज़ों में सफ़र करती है पगली
बचपन में जो कहती थी मेरे पर भी लगा दो।

मैंने क्यों उसको बचाने में कई मार दिये
आपने पूछा था, सुन लीजिए बेटा हूँ मैं।

मैंने देखा है यतीमों को दुआएँ करते
कम-से-कम चाँद न डूबे यही मामा रह जाए।

फिर किसी ने लक्ष्मी देवी को ठोकर मार दी
आज कूड़ेदान में फिर एक बच्ची मिल गयी।

एक ख़्वाब की सूरत ही सही याद है अब तक
माँ कहती थी ले औढ़ ले इस शाम में हम हैं।

झील के पानी पे एक शाख़ से शरबत लिखना।
मैंने कुछ बच्चों से सीखा है मुहब्बत लिखना।

वह रखना चाहते हैं कुछ तअल्लुक़ गाँव से अपने
जो अपने घर के कुछ हिस्से को कच्चा छोड़ देते हैं।

हमने उसी ज़मीन में पुरखों को बो दिया
लेकिन हमारे भाई का शक बरक़रार है।

शहर से गाँव चले आने में नुक़सान हुआ
दोपहर होते ही अमरूद की बू आती है।

आँगन में जो चिड़िया गाती रहती है
दुनिया से वह दुख को छुपाती रहती है।

हम कि माँ कहते हैं जिसको उन्हीं हाथों से उसे
बेच देते हैं अगर दूध वह कम देती है।

एक-एक क़तरा मेरे दूध का वापस करना
जंग पर जाते हुए माँ यह क़सम देती है।

यहाँ से जाने वाला लौटकर कोई नहीं आया
मैं रोता रह गया लेकिन न वापस जा के माँ आयी।

मेरे बच्चों में सारी आदतें मौजूद हैं मेरी
तो फिर उन बदनसीबों को न क्यों उर्दू ज़बाँ आयी।

ख़ुद

हमारे कुछ गुनाहों की सजा भी साथ चलती है
हम अब तन्हा नहीं चलते दवा भी साथ चलती है

कच्चे समर शजर से अलग कर दिए गए
हम कमसिनी में घर से अलग कर दिए गए

गौतम की तरह घर से निकलकर नहीं जाते
हम रात में छुपकर कहीं बाहर नहीं जाते

हमारे साथ चलकर देख लें यह भी चमन वाले
यहाँ अब कोयला चुनते हैं फूलों से बदन वाले

इतना रोये थे लिपटकर दरो दीवार से हम
शहर में आके बहुत दिन रहे बीमार से हम

मैं अपने बच्चों से आँखें मिला नहीं सकता
मैं ख़ाली जेब लिए अपने घर न जाऊँगा

हम एक तितली की ख़ातिर भटकते फिरते थे
कभी न आएँगे वो दिन शरारतों वाले

मुझे सँभालने वाला कहाँ से आएगा
मैं गिर रहा हूँ पुरानी इमारतों की तरह

पैरों को मेरे दीद-ए-तर बाँधे हुए है
ज़ंजीर की सूरत मुझे घर बाँधे हुए है

दिल ऐसा कि सीधे किए जूते भी बड़ों के
ज़िद इतनी कि ख़ुद ताज उठाकर नहीं पहना

चमक ऐसे नहीं आती है ख़ुद्दारी के चेहरे पर
अना को हमने दो-दो वक़्त का फ़ाक़ा कराया है

ज़रा सी बात पे आँखें बरसने लगती थीं
कहाँ चले गए मौसम वो चाहतों वाले

मैं इस ख़याल से जाता नहीं हूँ गाँव कभी
वहाँ के लोगों ने देखा है बचपना मेरा

हम न दिल्ली थे न मज़दूर की बेटी लेकिन
क़ाफ़िले जो भी इधर आए हमें लूट गए

अब मुझे अपने हरीफ़ों से ज़रा भी डर नहीं
मेरे कपड़े भाइयों के जिस्म पर आने लगे

तन्हा मुझे कभी न समझना मेरे हरीफ़
इक भाई मर चुका है मगर एक घर में है

मैदान से अब लौट के जाना भी है दुश्वार
किस मोड़ पे दुश्मन से क़राबत निकल आई

मुक़द्दर में लिखाकर लाए हैं हम दरबदर फिरना
परिन्दे कोई मौसम हो परेशानी में रहते हैं

मैं पटरियों की तरह ज़मीं पर पड़ा रहा
सीने से ग़म गुज़रते रहे रेल की तरह

मैं हूँ मिट्टी तो मुझे कूज़ागरों तक पहुँचा
मैं खिलौना हूँ तो बच्चों के हवाले कर दे

हमारी ज़िन्दगी का इस तरह हर साल कटता है
कभी गाड़ी पलटती है कभी तिरपाल कटता है

शायद हमारे पाँव में तिल है कि आज तक
घर में कभी सुकून से दो दिन नहीं रहे

मैं वसीयत कर सका कोई न वादा ले सका
मैंने सोचा भी नहीं था हादसा हो जाएगा

हम बहुत थक हार के लौटे थे लेकिन जाने क्यों
रेंगती, बढ़ती, सरकती च्यूटियाँ अच्छी लगीं

मुद्दतों बाद कोई शख़्स है आने वाला
ऐ मेरे आँसुओ तुम दीद-ए-तर में रहना

तकल्लुफ़ात ने ज़ख़्मों को कर दिया नासूर
कभी मुझे कभी ताख़ीर चारागर को हुई

अपने बिकने का बहुत दुख है हमें भी लेकिन
मुस्कुराते हुए मिलते हैं ख़रीदार से हम

हमें दिन तारीख़ तो याद नहीं बस इससे अंदाज़ा कर लो
हम उस मौसम में बिछड़े थे जब गाँव में झूला पड़ता है

मैं इक फ़क़ीर के होंठों की मुस्कुराहट हूँ
किसी से भी मेरी क़ीमत अदा नहीं होती

हम तो इक अख़बार से काटी हुई तस्वीर हैं
जिसको काग़ज़ चुनने वाले कल उठा ले जाएँगे

अना ने मेरे बच्चों की हँसी भी छीन ली मुझसे
यहाँ जाने नहीं देती वहाँ जाने नहीं देती

जाने अब कितना सफ़र बाक़ी बचा है उम्र का
ज़िन्दगी उबले हुए खाने तलक तो आ गई

हमें बच्चों का मुस्तक़बिल लिए फिरता है सड़कों पर
नहीं तो गर्मियों में कब कोई घर से निकलता है

सोने के ख़रीदार न ढूँढ़ो कि यहाँ पर
इक उम्र हुई लोगों ने पीतल नहीं देखा

मैं अपने गाँव का मुखिया भी हूँ बच्चों का क़ातिल भी
जलाकर दूध कुछ लोगों की ख़ातिर घी बनाता हूँ

ग़ज़ल वो सिन्फ़े नाज़ुक है जिसे अपनी रफ़ाक़त से
वो महबूबा बना लेता है मैं बेटी बनाता हूँ

अब खुद ही सँवर जाती हैं बिखरी हुई जुल्फ़ें
अब कोई मेरे बालों में कंघी नहीं करता

ये दुःख शायद हमारी ज़िन्दगी के साथ जाएगा
कि जो दिल पे लगा है तीर उस पर भाई लिखा है

बच्चों की तरह पेड़ की शाखों से मैं कूदूँ
चिड़ियों की तरह उड़ के मैं खलिहान से जाऊँ

मैं ज़िन्दगी तुझे कब तक बचा के रक्खूँगा
ये मौत रोज़ निवाले बदलती रहती है

क्या सूखे हुए फूल की किस्मत का भरोसा
मालूम नहीं कब तेरे गुलदान से जाऊँ

मुमकिन है हमें गाँव भी पहचान न पाए
बचपन में ही हम घर से कमाने निकल आए

पहले भी हाथेली छोटी थी, अब भी यह हथेली छोटी है
कल उससे शकर गिर जाती थी, अब उससे दवा गिर जाती है

मज़हबी लोग सियासत में जब आ जाते हैं
फिर निकलते नहीं बच्चे भी घरों से अपने

यह जो ख़ुद्दारी का मैला-सा अँगोछा है मेरा
मैं अगर बेच दूँ इसको कई कारें आ जायें

बहन

किस दिन कोई रिश्ता मेरी बहनों को मिलेगा
कब नींद का मौसम मेरी आँखों को मिलेगा

मेरी गुड़िया सी बहन को खुदकुशी करनी पड़ी
क्या ख़बर थी दोस्त मेरा इस क़दर गिर जाएगा

किसी बच्चे की तरह फूट के रोई थी बहुत
अजनबी हाथ में वह अपनी कलाई देते

जब ये सुना कि हार के लौटा हूँ जंग से
राखी ज़मीं पे फेंक के बहनें चली गईं

चाहता हूँ कि तेरे हाथ भी पीले हो जाएँ
क्या करूँ मैं कोई रिश्ता ही नहीं आता है

हर ख़ुशी ब्याज पे लाया हुआ धन लगती है
और उदासी मुझे मुँह बोली बहन लगती है

धूप रिश्तों की निकल आएगी ये आस लिए
घर की दहलीज पे बैठी रहीं बहनें मेरी

इसलिए बैठी हैं दहलीज पे मेरी बहनें
फल नहीं चाहते ता-उम्र शजर में रहना

नाउम्मीदी ने भरे घर में अँधेरा कर दिया
भाई खाली हाथ लौटे और बहनें बुझ गईं

किसी के ज़ख़्म पर चाहत से पट्टी कौन बाँधेगा
अगर बहनें नहीं होंगी तो राखी कौन बाँधेगा

भाई

आख़िरी उम्र में कैसे मैं ग़मों को छोड़ूँ
यह मेरे साथ रहे हैं सगे भाई की तरह

मिलता था आते जाते हुए रास्ते में रोज़
पीपल का एक पेड़ बड़े भाई की तरह

मश्कूक हुआ जाता है क्यों ख़ून का रिश्ता
इक साथ में क्यों बैठ के भाई नहीं खाते

मैं इतनी बेबसी से क़ैद-ए-दुश्मन में नहीं मरता
अगर मेरा भी इक भाई लड़कपन में नहीं मरता

काँटों से बच गया था मगर फूल चुभ गया
मेरे बदन में भाई का त्रिशूल चुभ गया

ऐ ख़ुदा थोड़ी करम फ़रमाई होना चाहिए
इतनी बहनें हैं तो फिर इक भाई होना चाहिए

बाप की दौलत से यूँ दोनों ने हिस्सा ले लिया
भाई ने दस्तार ले ली मैंने जूता ले लिया

निहत्था देख के मुझको लड़ाई करता है
जो काम उसने किया है वो भाई करता है

यही घर था जहाँ मिलजुल के सब इक साथ रहते थे
यही घर है अलग भाई की अफ़्तारी निकलती है

वह अपने घर में रौशन सारी शमाएँ गिनता रहता है
अकेला भाई ख़ामोशी से बहनें गिनता रहता है

मैं अपने भाइयों के साथ जब बाहर निकलता हूँ
मुझे यूसुफ के जानी दुश्मनों की याद आती है

मेरे भाई वहाँ पानी से रोज़ा खोलते होंगे
हटा लो सामने से मुझसे अफ़्तारी नहीं होगी

जहाँ पर गिन के रोटी भाइयों को भाई देते हों
सभी चीजें वहाँ देखीं मगर बरकत नहीं देखी

रात देखा है बहारों पे ख़िज़ां को हँसते
कोई तोहफ़ा मुझे शायद मेरा भाई देगा

तुम्हें ऐ भाइयो यूँ छोड़ना अच्छा नहीं लेकिन
हमें अब शाम से पहले ठिकाना ढूँढ़ लेना है

ग़म से लछमन की तरह भाई का रिश्ता है मेरा
मुझको जंगल में अकेला नहीं रहने देता

जो लोग कम हों तो काँधा जरूर दे देना
सरहाने आके मगर भाई-भाई मत करना

मोहब्बत का ये जज़्बा जब ख़ुदा की देन है भाई
तो मेरे रास्ते से क्यूँ यह दुनिया हट नहीं जाती

ये कुर्बे-कयामत है लहू कैसा 'मुनव्वर'
पानी भी तुझे तेरा बिरादर नहीं देगा

आपने खुल के मोहब्बत नहीं की है हमसे
आप भाई नहीं कहते हैं मियाँ कहते हैं

आखरी उम्र में कैसे मैं ग़मों को छोड़ूँ
ये मेरे साथ रहे हैं सगे भाई की तरह

बच्चों के उतरे चेहरों ने अंगारे भर दिये
वो जिन्दगी की जंग पे तनहा निकल गया

हमने उसी ज़मीन में पुरखों को बो दिया
लेकिन हमारे भाई का शक बरकरार है

भाई-बहन

हमारे और उसके बीच इक धागे का रिश्ता है
हमें लेकिन हमेशा वो सगा भाई समझती है

उलझता रहता हूँ मैं यूँ तुम्हारी यादों से
कि जैसे बच्चे के हाथों में ऊन आ जाए

झुक के मिलते हैं बुज़ुर्गों से हमारे बच्चे
फूल पर बाग़ की मिट्टी का असर आता है

हर एक रिश्ते से अपने आपको आज़ाद कर लेंगे
ये बच्चे एक दिन कालोनियाँ आबाद कर लेंगे

नहीं सुनता है मेरी तो मेरे बच्चों की ही सुन ले
ये वो मौसम है जब चिड़िया भी अपना घर बनाती है

दहलीज़ पे आ पहुँची है लगता है क़यामत
एक भाई को एक भाई से डर लगने लगा है

इसमें बच्चों की जली लाशों की तस्वीरें हैं
देखना हाथ से अख़बार न गिरने पाए

बच्चे

मेरे बच्चों में सारी आदतें मौज़ूद हैं मेरी
तो फिर इन बदनसीबों को न क्यूँ उर्दू ज़बां आई

मैं अब आँगन में सो जाता हूँ कमरे में नहीं सोता
मेरे बच्चों को अब इतनी परेशानी नहीं होगी

हमसे तो समझदार हैं ये फूल से बच्चे
जो दूध तो पीते हैं मलाई नहीं खाते

सिर्फ बच्चों की मुहब्बत ने कदम रोक लिए
वरना आसान था मेरे लिए बेघर होना

सजा हमारी भी काटी है बाल बच्चों ने
कि हम उदास हुए घर में जाकर लेट गये

चलो चलें किसी सहरा में घर बनाते हैं
कि बच्चे कापी पे जैसे शजर बनाते हैं

खिलौनों की दुकानों की तरफ से आप क्यों गुजरे
यह बच्चों की तमन्ना है यह समझौता नहीं करती

इनको नहीं मालूम कि घर होते हैं कैसे
इन बच्चों को फुटपाथ ही घर लगने लगा है

झील के पानी पे इक शाख से शरबत लिखना
मैंने कुछ बच्चों से सीखा है मोहब्बत लिखना

फूल से बच्चों को खुद भी नहीं मालूम कि कौन
आके चुपचाप सिखा जाता है नफरत करना

इन खिलौनों की दुकानों को हटाया जाय
मुझ में मौज़ूद जो बच्चा है वह डर जाता है

कुछ भी हो जंग के आदाब हुआ करते हैं
कम से कम बच्चों को मकतल से निकल आने दो

काँपेंगे फिर उकाब भी दहशत से इक दिन
यह फाख़्ता का बच्चा भी जिस दिन निडर हुआ

भले लगते हैं स्कूलों की यूनीफार्म में बच्चे
कँवल के फूल से जैसे भरा तालाब रहता है

फ़रिश्ते आ के उनके जिस्म पर ख़ुशबू लगाते हैं
वो बच्चे रेल के डिब्बे में जो झाड़ू लगाते हैं

हुमकते खेलते बच्चों की शैतानी नहीं जाती
मगर फिर भी हमारे घर की वीरानी नहीं जाती

अपने मुस्तक़बिल की चादर पर रफू करते हुए
मस्जिदों में देखिए बच्चे वज़ू करते हुए

मुझे इस शहर की सब लड़कियाँ आदाब करती हैं
मैं बच्चों की कलाई के लिए राखी बनाता हूँ

घर का बोझ उठाने वाले बच्चे की तकदीर न पूछ
बचपन घर से बाहर निकला और खिलौना टूट गया

जो अश्क गूँगे थे वो अर्जे-हाल करने लगे
हमारे बच्चे हमीं से सवाल करने लगे

जब एक वाकया बचपन का हमको याद आया
हम उन परिन्दों को फिर घोंसलों में छोड़ आए

भरे शहरों में कुर्बानी का मौसम जब से आया है
मेरे बच्चे कभी होली में पिचकारी नहीं लाते

मस्जिद की चटाई पे ये सोते हुए बच्चे
इन बच्चों को देखो, कभी रेशम नहीं देखा

भूख से बेहाल बच्चे तो नहीं रोए मगर
घर का चूल्हा मुफ़लिसी की चुग़लियाँ खाने लगा

तलवार तो क्या मेरी नज़र तक नहीं उट्ठी
उस शख़्स के बच्चों की तरफ देख लिया था

रेत पर खेलते बच्चों को अभी क्या मालूम
कोई सैलाब घरौंदा नहीं रहने देता

धुआँ बादल नहीं होता कि बचपन दौड़ पड़ता है
ख़ुशी से कौन बच्चा कारख़ाने तक पहुँचता है

मैं चाहूँ तो मिठाई की दुकानें खोल सकता हूँ
मगर बचपन हमेशा रामदाने तक पहुँचता है

हवा के रुख़ पे रहने दो ये जलना सीख जाएगा
कि बच्चा लड़खड़ाएगा तो चलना सीख जाएगा

इक सुलगते शहर में बच्चा मिला हँसता हुआ
सहमे-सहमे से चराग़ों के उजाले की तरह

मैंने इक मुद्दत से मस्जिद भी नहीं देखी मगर
एक बच्चे का अज़ां देना बहुत अच्छा लगा

इन्हें अपनी ज़रूरत के ठिकाने याद रहते हैं
कहाँ पर है खिलौनों की दुकां बच्चे समझते हैं

ज़माना हो गया दंगे में इस घर को जले लेकिन
किसी बच्चे के रोने की सदाएँ रोज़ आती हैं

जाने क्यों सोचता रहता है कि महरूम-सा है
एक बच्चा मेरे अन्दर जो ये मासूम-सा है

वह

किसी भी मोड़ पर तुमसे वफ़ादारी नहीं होगी
हमें मालूम है तुमको ये बीमारी नहीं होगी

नीम का पेड़ था बरसात थी और झूला था
गाँव में गुज़रा ज़माना भी ग़ज़ल जैसा था

हम कुछ ऐसे तेरे दीदार में खो जाते हैं
जैसे बच्चे भरे बाज़ार में खो जाते हैं

तुझे अकेले पढ़ूँ कोई हमसबक़ न रहे
मैं चाहता हूँ कि तुझ पर किसी का हक़ न रहे

वो अपने काँधों पे कुन्बे का बोझ रखता है
इसीलिए तो क़दम सोचकर उठाता है

आँखें तो उसे घर से निकलने नहीं देतीं
आँसू हैं कि सामान-ए-सफ़र बाँधे हुए हैं

सफ़ेदी आ गयी बालों में उसके
वह बाइज़्ज़त घराना चाहता था

न जाने कौन सी मजबूरियाँ परदेस लाई थीं
वह जितनी देर तक ज़िन्दा रहा घर याद करता था

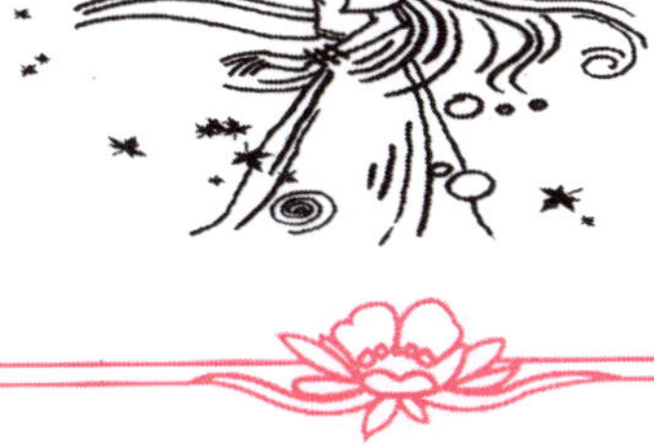

तलाश करते हैं उनको ज़रूरतों वाले
कहाँ गए वो पुरानी शराफ़तों वाले

वो ख़ुश है कि बाज़ार में गाली मुझे दे दी
मैं ख़ुश हूँ कि एहसान की क़ीमत निकल आई

उसे जली हुई लाशें नज़र नहीं आतीं
मगर वो सुई से धागा गुज़ार देता है

वो पहरों बैठकर तोते से बातें करता रहता है
चलो अच्छा है अब नज़रें बदलना सीख जाएगा

उसे हालात ने रोका मुझे मेरे मसाएल ने
वफ़ा की राह में दुश्वारियाँ दोनों तरफ़ से हैं

तुझसे बिछड़ा तो पसन्द आ गई बेतरतीबी
इससे पहले मेरा कमरा भी ग़ज़ल जैसा था

कहाँ की हिजरतें, कैसा सफ़र, कैसा जुदा होना
किसी की चाह पैरों पर दुपट्टा डाल देती है

ग़ज़ल वह सिन्फ़े नाज़ुक है जिसे अपनी रफ़ाक़त से
वह महबूबा बना लेता है मैं बेटी बनाता हूँ

वह एक गुड़िया जो मेले में कल दुकान पे थी
दिनों की बात है पहले मेरे मकान पे थी

लड़कपन में किए वादे की क़ीमत कुछ नहीं होती
अँगूठी हाथ में रहती है मँगनी टूट जाती है

वो जिसके वास्ते परदेस जा रहा हूँ मैं
बिछड़ते वक़्त उसी की तरफ़ नहीं देखा

विविध

हम सायादार पेड़ ज़माने के काम आए
जब सूखने लगे तो जलाने के काम आए

कोयल बोले या गौरैया अच्छा लगता है
अपने गाँव में सब कुछ भइया अच्छा लगता है

ख़ानदानी विरासत के नीलाम पर आप अपने को तैयार करते हुए
उस हवेली के सारे मकीं रो दिए उस हवेली को बाज़ार करते हुए

उड़ने से परिन्दे को शजर रोक रहा है
घर वाले तो ख़ामोश हैं घर रोक रहा है

वो चाहती है कि आँगन में मौत हो मेरी
कहाँ की मिट्टी है मुझको कहाँ बुलाती है

नुमाइश पर बदन की यूँ कोई तैयार क्यों होता
अगर सब घर के हो जाते तो ये बाज़ार क्यों होता

कच्चा समझ के बेच न देना मकान को
शायद कभी यह सर को छुपाने के काम आए

अँधेरी रात में अक्सर सुनहरी मिशअलें लेकर
परिन्दों की मुसीबत का पता जुगनू लगाते हैं

तूने सारी बाजियाँ जीती हैं मुझ पर बैठकर
अब मैं बूढ़ा हो रहा हूँ अस्तबल भी चाहिए

मोहाज़िरो यही तारीख़ है मकानों की
बनाने वाला हमेशा बरामदों में रहा

तुम्हारी आँखों की तौहीन है ज़रा सोचो
तुम्हारा चाहने वाला शराब पीता है

किसी दुख का किसी चेहरे से अंदाज़ा नहीं होता
शजर तो देखने में सब हरे मालूम होते हैं

ज़रूरत से अना का भारी पत्थर टूट जाता है
मगर फिर आदमी भी अन्दर-अन्दर टूट जाता है

मोहब्बत एक ऐसा खेल है जिसमें मेरे भाई
हमेशा जीतने वाले परेशानी में रहते हैं

फिर कबूतर की वफ़ादारी पे शक मत करना
वह तो घर को इसी मीनार से पहचानता है

अना की मोहनी सूरत बिगाड़ देती है
बड़े-बड़ों को ज़रूरत बिगाड़ देती है

बनाकर घोंसला रहता था इक जोड़ा कबूतर का
अगर आँधी नहीं आती तो ये मीनार बच जाता

उन घरों में जहाँ मिट्टी के घड़े रहते हैं
क़द में छोटे हों मगर लोग बड़े रहते हैं

प्यास की शिद्दत से मुँह खोले परिन्दा गिर पड़ा
सीढ़ियों पर हाँफते अख़बार वाले की तरह

वह चिड़ियाँ थीं दुआएँ पढ़के जो मुझको जगाती थीं
मैं अक्सर सोचता था ये तिलावत कौन करता है

परिन्दे चोंच में तिनके दबाए जाते हैं
मैं सोचता हूँ कि अब घर बसा लिया जाए

ऐ मेरे भाई मेरे ख़ून का बदला ले ले
हाथ में रोज़ ये तलवार नहीं आएगी

नए कमरों में अब चीज़ें पुरानी कौन रखता है
परिन्दों के लिए शहरों में पानी कौन रखता है

जिसको बच्चों में पहुँचने की बहुत उजलत हो
उससे कहिए न कभी कार चलाने के लिए

सो जाते हैं फुटपाथ पे अख़बार बिछाकर
मज़दूर कभी नींद की गोली नहीं खाते

पेट की ख़ातिर फुटपाथों पर बेच रहा हूँ तस्वीरें
मैं क्या जानूँ रोज़ा है या मेरा रोज़ा टूट गया

जब उससे गुफ्तगू कर ली तो फिर शजरा नहीं पूछा
हुनर बख़ियागरी का एक तुरपाई में खुलता है

एक तेरे न होने से बदल जाता है सब कुछ
कल धूप भी दीवार पे पूरी नहीं उतरी

मैं उसके जिस्म पे काफ़ूर मल के आया था
मगर गुलाब की ख़ुशबू कफ़न से आती है

जहाँ पिछले कई बरसों से काले नाग रहते हैं
वहाँ इक घोंसला चिड़ियों का था दादी बताती हैं

कई बातें मुहब्बत सबको बुनियादी बताती है
जो परदादी बताती थी वही दादी बताती है

दहलीज़ पे रख दी हैं किसी शख़्स ने आँखें
रोशन कभी इतना तो दिया हो नहीं सकता

हमारी आरज़ू मासूम लड़कियों की तरह
सहेलियों से दुशाले बदलती रहती है

क़सम देता है बच्चों की बहाने से बुलाता है
धुआँ चिमनी का हमको कारख़ाने से बुलाता है

सुना है जब से तय होते हैं रिश्ते आसमानों में
वो पगली उँगलियों से रोज़ो-शब बादल बनाती है

सड़क से जब गुज़रते हैं तो बच्चे पेड़ गिनते हैं
बड़े-बूढ़े भी गिनते हैं वो सूखे पेड़ गिनते हैं

आँगन में जो चिड़िया गाती रहती है
दुनिया से वह दुख को छुपाती रहती है

आपको देख के जिस वक्त पलटी है नज़र
मेरी आँखें मेरी आँखों की तरह होती हैं

ऐ शहर कुछ दिनों के लिए गाँव भेज दे
याद आ रहा है टूटा हुआ अपना घर हमें

सिर्फ़ बच्चों की मोहब्बत ने क़दम रोक लिए
वरना आसान था मेरे लिए बेघर होना

सिर्फ़ तारीख बताने के लिए ज़िन्दा हूँ
अब मेरा घर में भी होना है कलण्डर होना

तमाम उम्र हम इक दूसरे से लड़ते रहे
मगर मरे तो बराबर में जो के लेट गये

चलों चलें किसी सहरा में घर बनाते हैं
कि बच्चे कापी पे जैसे शज़र बनाते हैं

बड़े अज़ीब हैं बालू पे खेतले बच्चे
ये उँगलियों से सिपाही के सर बनाते हैं

अजदाद की खुशबू मुझे जाने नहीं देगी
इस पेड़ के नीचे मेरा बिस्तर भी लगा दो

अल्लाह ने चाहा तो ये महफूज रहेगा
ये शहर बुज़ुर्गों की दुआ ओढ़े हुए है

मैं जुगनुओं की दिन में हिफ़ाज़त न कर सका
इतना तो रौशनी का गुनहगार मैं भी हूँ

मिट्टी की मूरतें ये बड़ी हो रही हैं अब
मौला तेरे करम का तलबगार मैं भी हूँ

सलतनत भी नहीं अच्छी है अगर दोस्त न हों
कुछ दिनों आके मेरे पास सुदामा रह जाए

हम भी घर लौट के जाते हुए बच्चों की तरह
ज़िन्दगी क्यूँ न यहाँ थोड़ी शरारत कर जाएँ

कुछ भी हो जाए फ़कीरों से कभी मत उलझे
शाहज़ादे को बस इतनी सी वसीयत कर जाएँ

खुदकुशी करने पर आमादा थी नाकामी मेरी
फिर मुझे दीवार पर चढ़ती ये च्यिुंटी मिल गयी

लगता है कि दहलीज़ पे आ पहुँची कयामत
इक भाई को इक भाई से डर लगने लगा है।

चलो ये माना तसल्ली से कुछ नहीं होता
ये नन्हे हाथ हैं मुझको मगर सँभाले हुए

शहीदों की जमीं है जिसको हिन्दुस्तान कहते हैं
ये बंजर होके भी बुज़दिल कभी पैदा नहीं करती

सगी बहनों का रिश्ता है जो उर्दू और हिन्दी में
कहीं दुनिया की दो ज़िन्दा ज़बानों में नहीं मिलता

निगल लेती है लड़कों को बड़े शहरों की रंगीनी
न जाने किस तमन्ना में ये बुढ़िया घर बनाती है

नहीं सुनता है मेरी तो मेरे बच्चों की ही सुन ले
ये वो मौसम है जब चिड़िया भी अपना घर बनाती है

आओ हम जाग रहे हैं तो कहानी लें
वरना कब नींद लगे और हमीं सो जायें

इक बाजू काटने पे तुले थे तमाम लोग
सोचो कि केसे दूसरा बाजू न बोलता

यही घर था जहाँ मिल-जुल के सब इक साथ रहे थे
यही घर है अलग भाई की इफ़तारी निकलती है

हमारा गाँव से रिश्ता अभी नहीं टूटा
अभी बुजुर्गों की ख़ुशबू वतन से आती है

मैं उसके जिस्म पे काफूर मल के आया था
मगर गुलाब की ख़ुशबू कफ़न से आती है

बच्चों की तरह पेड़ की शाखों से मैं कूदूँ
चिड़ियाँ की तरह उड़के मैं खलियान से जाऊँ

मर्दों का स्वभाव बदलता रहता है
औरत सारी उम्र देहाती रहती है

मैं ज़िन्दगी तुझे कब तक बचा के रक्खूँगा
ये मौत रोज़ निवाले बदलती रहती है

हमारे और उसके बीच इक धागे का रिश्ता
हमें लेकिन हमेशा वह सगा भाई समझती है

दवा की तरह खाते जाइये गाली बुजुर्गों की
जो अच्छे फल हैं उनका ज़ाएका अच्छा नहीं होता

जो कल तक अपनी तख़्ती पर हमेशा अम्न लिखता था
वह अबच्चा रेत पर अब जंग का नक्शा बनाता है

ये दुनिया कल इसी बच्चे को दहशत गर्द लिक्खेगी
अभी जो रेत पर माँ-बाप का चेहरा बनाता है

कसम देता है बच्चों की, बहाने से बुलाता है
धुआँ चिमनी का हमको कारख़ाने से बुलाता है

शाख़ का देखा था इक झील पे शरबत लिखना
मैंने इक बच्चे से सीखा है मोहब्बत लिखना

आख़िरी वक़्त में कैसे मैं ग़मों को छोड़ूँ
ये मेरे साथ रहे हैं सगे भाई की तरह

मैं ज़िन्दगी की रेस भला कैसे हारता
पूँजी थी ख़ानदान की मुझ पर लगी हुई

शेर बन जाती है जब जान पे बन जाती है
इस तरह घेर के बिल्ली को न मारा जाये

नहीं थी दूसरी कोई जगह भी छुपने की
हमारी उम्र खिलौनों में आके बैठ गयी

कुछ भी हो जंग के आदाब हुआ करते हैं
कम से कम बच्चों को मक़तल से निकल आने दो

शहर से गाँव चले आने में नुकसान हुआ
दोपहर होते ही अमरूद की बू आती है

शाखों पे उनकी फूल बता कैसे आएँगे
जिन औरतों के सामने इनकाउन्टर हुआ

गुरबत

घर की दीवार पे कौवे नहीं अच्छे लगते
मुफ़लिसी में ये तमाशे नहीं अच्छे लगते

मुफ़लिसी ने सारे आँगन में अँधेरा कर दिया
भाई ख़ाली हाथ लौटे और बहनें बुझ गईं

अमीरी रेशम व कमख़्वाब में नंगी नज़र आई
गरीबी शान से इक टाट के पर्दे में रहती है

इसी गली में वो भूका किसान रहता है
ये वो ज़मीं है जहाँ आसमान रहता है

दहलीज़ पे सर खोले खड़ी होगी ज़रूरत
अब ऐसे में घर जाना मुनासिब नहीं होगा

ईद के ख़ौफ़ ने रोज़ों का मज़ा छीन लिया
मुफ़लिसी में ये महीना भी बुरा लगता है

अपने घर में सर झुकाए इसलिए आया हूँ मैं
इतनी मजदूरी तो बच्चे की दवा खा जाएगी

अल्लाह 'गरीबों' का मददगार है 'राना'

हम लोगों के बच्चे कभी सर्दी नहीं खाते

बोझ उठाना शौक कहाँ है मजबूरी का सौदा है
रहते-रहते स्टेशन पर लोग कुली हो जाते हैं

बेटे

इस रेत के घरौंदे को बेटे महल समझ
मैं जो भी लिख रहा हूँ उसी को ग़ज़ल समझे

और कुछ रोज़ यूँ ही बोझ उठा लो बेटे
चल दिये हम तो मयस्सर नहीं होने वाले

बेटी

लड़कपन का ज़माना किस क़दर मासूम होता है
यह चिड़िया गाते गाते मेरे कमरे में चली आई

फिर किसी ने लक्ष्मी देवी को ठोकर मार दी
आज कूड़े दान में फिर एक बच्ची मिल गई

बहू के जज़्बये ख़िदमत से कौन मुंकिर है
मगर सुकून तो बेटी के पास मिलता है

घरों में यूँ सयानी लड़कियाँ बेचैन रहती हैं
कि जैसे साहिलों पर कश्तियाँ बेचैन रहती हैं

ये चिड़िया भी मेरी बेटी से कितनी मिलती-जुलती है
कहीं भी शाख़े-गुल देखे तो झूला डाल देती है

रो रहे थे सब तो मैं भी फूटकर रोने लगा
वरना मुझको बेटियों की रुख़सती अच्छी लगी

बड़ी होने लगी हैं मूरतें आँगन में मिट्टी की
बहुत से काम बाक़ी हैं सँभाला ले लिया जाए

तो फिर जाकर कहीं माँ-बाप को कुछ चैन पड़ता है
कि जब ससुराल से घर आ के बेटी मुस्कुराती है

ऐसा लगता है कि जैसे ख़त्म मेला हो गया
उड़ गईं आँगन से चिड़ियाँ घर अकेला हो गया

घर में रहते हुए ग़ैरों की तरह होती हैं
बेटियाँ धान के पौधों की तरह होती हैं

उड़ के इक रोज़ बहुत दूर चली जाती हैं
घर की शाख़ों पे ये चिड़ियों की तरह होती हैं

मुक़द्दर के लिखे को लड़कियाँ बिल्कुल नहीं पढ़तीं
वो देखो रेत पर बैठी वो गुड़िया घर बनाती है

इसी दुआ के सहारे ये उम्र गुज़री है
कि पर लगा के मेरे घर से बेटियाँ उड़ जाएँ

ये बच्ची चाहती है और कुछ दिन माँ को ख़ुश रखना
ये कपड़ों की मदद से अपनी लम्बाई छुपाती है

अब सिर्फ़ जहाज़ों में सफ़र करती है पगली
बचपन में जो कहती थी मेरे पर भी लगा दो

ग़ज़ल व सनफे नाज़ुक है जिसे अपनी रिफाकत से
वो महबूबा बना लेता है मैं बेटी बनाता हूँ

वो फाख़्ता है जो मुझे देखते ही उड़ती थी
बड़े सलीके से बच्चों में आके बैठ गयी

मिट्टी की मूरतें ये बड़ी हो रही हैं अब
मौला तेरे करम का तलबगार मैं भी हूँ

सगी बहनों का रिश्ता है जो उर्दू और हिन्दी में
कहीं दुनिया की दो जिन्दा ज़बानों में नहीं मिलता

खुशी के फूल आँगन में यूँ ही हँसते रहें मौला
अगर औलाद दी है साहिबे औलाद रखियेगा

सहमी सहमी हुई रहती हैं मकाने दिल में
आरज़ुएँ भी गैरों की तरह होती हैं

टूट कर ये भी बिखर जाती हैं एक लम्हे में
कुछ उम्मीदें भी घरविंदों की तरह होती हैं

बहू के जज़्बऐ ख़िदमत से कौन मुनकर है
मगर सुकून तो बेटी के पास मिलता है

यह भी उड़ जाये जो एक चिड़िया बची है घर में
इतनी मोहलत तो बहरहाल ख़ुदा से माँगी

अभी तक तो यही होता चला आया है दुनिया में
जो अच्छी बोटियाँ हैं उनको अच्छा घर नहीं मिलता

बचपन

लिपट जाती है सारे रास्तों की याद बचपन में
जिधर से भी गुजरता हूँ मैं रस्ता याद रहता है

ये एहसासे नदामत मेरे बच्चों में न आ जाये
मुझे घर चाहिए मैं बेघरी से बाज़ आता हूँ

यादें कई बचपन की जुड़ी हुई थीं उससे
शीशे की ये गुड़िया जो अभी चूर हुई है

हमारी चीख़ती आँखों ने जलते शहर देखे हैं
बुरे लगते हैं अब किस्से हमें भाई बहन वाले

उछलते खेलते बचपन में बेटा ढूँढ़ती होगी
तभी तो देखकर पोते को दादी मुस्कराती है

कुछ खिलौने कभी आँगन में दिखाई देते
काश हम भी किसी बच्चे को मिठाई देते

कम से कम बच्चों के होठों की हँसी की खातिर
ऐसी मिट्टी में मिलाना कि खिलौना हो जाऊँ

कसम देता है बच्चों की बहाने से बुलाता है
धुआँ चिमनी का हमको कारखाने से बुलाता है

मोहब्बत भी अज़ीब शै है कोई परदेस में रोये
तो फौरन हाथ की एक आध चूड़ी टूट जाती है

बड़े शहरों में भी रहकर बराबर याद करता था
मैं एक छोटे से स्टेशन का मंजर याद करता था

उस वक्त भी अकसर तुझे हम ढूँढ़ने निकले
जिस धूप में मजदूर भी छत पर नहीं जाते

हमारे साथ चलकर देखलें ये भी चमन वाले
यहाँ अब कोयला चुनते हैं फूलों से बदन वाले

❑❑